THiNK

INTERIORS BY

Swimberghe & Verlinde

RURAL

LANNOO

Think Rural

Piet Swimberghe and Jan Verlinde

Is green the colour of the times? Absolutely! Organic food has never been more popular, and house plants are even making a fresh appearance in our living rooms again. We are all eager for more green in our lives, rediscovering the joys of living in quiet places. A home in the country, surrounded by trees or deep in the forest, appeals to our imagination. So delightful! A great way to slow life down and escape from the hustle and bustle of the city and the digital tsunami. We are seeing a silent retreat to the edge of the city or to the countryside. So many people dream of a second home in the country: this is the current trend. Nature is emerging all across the cities as well, in an abundance of trees and vegetable gardens. We even discover the occasional rural interior in our cities, including a loft in a former city farm where cows were kept in winter. This book is about contemporary rural interiors. Some homes are reminiscent of the country homes built by Frank Lloyd Wright or the *Case Study Houses* that Neutra, Saarinen and Eames built around Los Angeles. Other homes in this book date back centuries. Our observations show that open homes that incorporate nature in the home are making a big comeback. These refreshingly unusual buildings offer a contemporary mix & match of original items, old and new all jumbled together. Artworks are obviously also a part of that assemblage, and are completely back in favour. The days of bare walls are over and done with. Enjoy the palette of colours in this book, sometimes subtle and at other times explosive. It may well be one of the most relaxing interior design books of our times. As you leaf through the glorious abundance of interiors, your stress will simply slip away. We call this 'interior meditations'. Enjoy this dreamy voyage from the water's edge into the fields and forests.

Of groen de kleur is van deze tijd? Ongetwijfeld! Nooit aten we zo 'bio'. In onze woonkamer duiken zelfs weer kamerplanten op. We snakken allemaal naar wat groen en herontdekken het wonen op een rustige plek. Een woning op het platteland, tussen de bomen of in het bos, spreekt tot de verbeelding. Heerlijk gewoon! Uiteraard om te onthaasten en te ontsnappen aan de drukte van de stad en de digitale tsunami. We merken een stille terugkeer naar de rand van de stad of naar het platteland. Ontzettend veel mensen dromen van een tweede verblijf: dit is de trend. Bovendien leeft de natuur ook weer op in de stad, met een overvloed aan bomen en moestuinen. We ontdekten in onze steden hier en daar een landelijk interieur, zelfs een loft in een voormalige stadsboerderij waar in de winter koeien werden gehouden. Dit is een boek over het hedendaagse landelijke interieur. Sommige woningen doen denken aan de landhuizen van Frank Lloyd Wright of de *Case Study Houses* die Neutra, Saarinen en Eames bouwden in de buurt van Los Angeles. Andere huizen in dit boek zijn dan weer eeuwenoud. We stellen vast dat open woningen die met de natuur in huis leven helemaal terug van weg geweest zijn. Het zijn verfrissende panden met een hedendaagse mix & match van originele spullen, oud en nieuw door elkaar. Daar horen vanzelfsprekend kunstwerken bij, want ook die zijn helemaal terug. De tijd van de kale muren is passé. Geniet in dit boek van het prachtige kleurenpalet, dat nu eens subtiel dan weer explosief is. Daardoor is dit wellicht het meest ontspannende interieurboek van onze tijd. Terwijl je bladert door de talrijke interieurs glijdt de stress zo van je af. Wij noemen dat 'interieurmeditatie'. Geniet van deze droomtocht, die je van de waterkant naar de velden en het bos leidt.

Le vert est-il la couleur de notre époque ? Sans aucun doute ! Jamais nous n'avons mangé aussi bio. Et les plantes d'intérieur envahissent à nouveau nos salons. Même nos snacks se mettent au vert, et nous redécouvrons le plaisir d'habiter au calme. Une maison à la campagne, parmi les arbres ou dans la forêt... délicieuse perspective qui captive notre imagination. Rien de tel pour déstresser et échapper à l'agitation de la ville et au tsunami digital ! Nous constatons un retour progressif vers la périphérie de la ville ou les banlieues. Les gens sont de plus en plus nombreux à rêver d'une seconde résidence : c'est tendance. En outre, la nature reprend ses droits dans la ville, avec quantité d'arbres et de potagers. Nous avons même découvert çà et là dans nos villes un intérieur rural, voire un loft dans une ancienne ferme urbaine où les vaches passaient l'hiver. Ce livre porte sur l'intérieur rural contemporain. Certaines habitations font même penser aux manoirs de Frank Lloyd Wright ou aux *Case Study Houses* construites aux alentours de Los Angeles par Neutra, Saarinen et Eames. Tandis que d'autres maisons dans ce livre sont très anciennes. Nous constatons le retour des habitations ouvertes sur la nature. Autant de propriétés rafraîchissantes avec un mélange contemporain de pièces originales, l'ancien et le nouveau s'imbriquant. Sans oublier les œuvres d'art, car elles aussi sont de retour. Le temps des murs nus est passé. Dans ce livre, jouissez aussi d'une palette de couleurs tantôt subtile tantôt explosive. De ce fait, cet ouvrage est peut-être le livre de décoration d'intérieur le plus relaxant de notre époque. En parcourant ces intérieurs, vous sentez le stress vous quitter. C'est ce que nous appelons "la méditation d'intérieur". Profitez de cette promenade onirique qui vous mène de la berge aux champs et à la forêt.

Brick house

CASE STUDY HOUSE

The Heidebos forest surrounding this home allows ample light to shine through its branches. Architect Eddy designed the house in 2012, envisioning it as a bungalow. The result is a gorgeous shelter that allows nature to spill indoors from every side. The people living here, Alexandra Cordia and photographer Peter Dekens, experience their home as a transparent cube filled with lines of sight through the interior and into the great outdoors. The bedroom, for instance, is completely subsumed by the green surroundings. The concrete wall has awnings covering the parking place for the car on one side and a semi-shaded terrace on the other. Eddy François had a great passion for rural architecture, although he did use a distinctively contemporary set of shapes in his work. Even so, this home also incorporates elements from traditional rural housing, like the exposed wooden beams and brick floors, that add an intense feeling of warm hospitality. Peter and Alexandra opted for an austere interior dominated by Scandinavian vintage design, which reinforces the impact of the architecture. As such, the atmosphere and style of their home is entirely in line with the bungalow tradition of the *Case Study Houses*, engaged in dialectic discourse with nature.

Brick house

EN
This bungalow, designed by architect Eddy François, is in line with the tradition of modern villa construction from the 1950s and 1960s, when many European architects were influenced by the *Case Study Houses* in Los Angeles, where designers like Neutra, Eames and Saarinen built these types of simple, transparent homes that mesh interior and exterior into a seamless whole. In this case, the interior continues into the garden in the form of a covered patio.

NL
Met deze bungalow haakt de ontwerper, architect Eddy François, in op de traditie van de moderne villabouw uit de jaren 1950 en 1960, toen heel wat Europese architecten beïnvloed werden door de *Case Study Houses* uit Los Angeles. Ontwerpers als Neutra, Eames en Saarinen bouwden toen eenvoudige transparante woningen waarin het interieur en het exterieur met elkaar versmolten. Ook hier loopt het interieur door tot in de tuin, met een overdekt terrasje.

FR
Avec ce bungalow, l'architecte Eddy François s'est inscrit dans la tradition des villas modernes des années 1950 et 1960, lorsque nombre d'architectes étaient influencés par les *Case Study Houses* de Los Angeles, habitations transparentes construites notamment par Neutra, Eames et Saarinen, qui fusionnaient l'intérieur et l'extérieur. Ici aussi, l'intérieur et le jardin se rejoignent à travers une terrasse couverte.

NL We ontdekken deze woning in een heidebos dat vrij veel licht doorlaat. Architect Eddy François ontwierp de woning in 2012 als een bungalow. Het resultaat is een prachtige shelter die de natuur overal binnenlaat. Voor de bewoners, Alexandra Cordia en fotograaf Peter Dekens, is het een transparante doos vol perspectieven doorheen het interieur naar het exterieur toe. Kijk bijvoorbeeld naar de slaapkamer, die helemaal opgaat in het groen. Of naar de betonnen wand met luifels, waaronder de parkeerplaats voor de wagen ligt, en aan de andere zijde een half overdekt terras. Eddy François had een grote voorliefde voor de landelijke architectuur, maar hij hanteerde wel een uitgesproken hedendaagse vormentaal. Toch herken je ook in deze woning elementen uit de traditionele landelijke woningbouw, zoals de houten balken en de bakstenen vloeren die zo veel warmte schenken. Peter en Alexandra kozen voor een sobere inrichting met vooral Scandinavisch vintagedesign, waardoor ze de kracht van de architectuur versterken. Daarmee sluit de woning zowel qua sfeer als qua stijl helemaal aan bij de grote bungalowtraditie van de *Case Study Houses*, die dialogeren met de natuur.

FR Nous découvrons cette maison dans un bois de bruyères qui laisse passer la lumière à flots. Conçue comme un bungalow, en 2012, par l'architecte Eddy François, ce splendide refuge s'ouvre de toutes parts à la nature. Pour ses occupants, Alexandra Cordia et le photographe Peter Dekens, c'est une boîte transparente, avec quantité de perspectives de l'intérieur vers l'extérieur. Regardez par exemple la chambre à coucher qui se fond dans la verdure. Ou le mur de béton à deux auvents, avec une place de parking pour la voiture d'un côté et une terrasse semi-couverte de l'autre. Malgré sa prédilection pour l'architecture rurale, Eddy François a pratiqué un langage formel résolument contemporain. Pourtant, on reconnaît dans cette maison des éléments de l'architecture rurale traditionnelle, comme les poutres en bois et les sols de briques qui distillent tant de chaleur. Peter et Alexandra ont opté pour un aménagement sobre, dominé par un design vintage essentiellement scandinave, qui renforce l'architecture. Par l'ambiance comme par le style, la maison s'inscrit dans la grande tradition des *Case Study Houses*, qui dialoguent avec la nature.

Brick house

EN
But Eddy François also designed this building based on Italian inspirations, as is apparent by his passion for artisanal, natural materials like the wooden beams and brick floors. He had always admired rural architecture and has managed to reproduce its warmth and natural feel in a modern context.

NL
Eddy François liet zich bij het ontwerpen van dit huis inspireren door Italië, wat blijkt uit zijn voorliefde voor ambachtelijke en natuurlijke materialen zoals de houten balken en de bakstenen vloeren. Hij had altijd al een bewondering voor de landelijke architectuur, waarvan hij de warmte en natuurlijkheid laat voortleven in een moderne context.

FR
Mais, pour la construction de ce bâtiment, Eddy François s'est également inspiré de l'Italie, comme en témoigne sa prédilection pour les matériaux artisanaux et naturels, comme les poutres en bois et les sols en briques. Grand admirateur de l'architecture rurale, il en a revisité la chaleur et la naturalité dans un contexte moderne.

Brick house

EN
The floor plan was simply modelled around a hallway that links the living room to the bedroom, which is essentially completely surrounded by the trees outside. The contemplative space is a delightful room to rest or wake up in. Japanese influences can be felt again here. Eddy François also maintained very close contacts with Japanese architects and designers.

NL
Het grondplan werd eenvoudig gemodelleerd rond een gang die de leefruimte verbindt met de slaapkamer, die eigenlijk helemaal in de bostuin ligt. Het is heerlijk om in deze meditatieve ruimte uit te rusten of wakker te worden. Hier voel je dan weer een Japanse invloed. Eddy François onderhield ook heel wat nauwe contacten met Japanse architecten en designers.

FR
Le plan au sol a été agencé autour d'un couloir reliant la pièce à vivre à la chambre à coucher, qui se trouve au beau milieu du jardin boisé. Rien de tel que de se reposer ou de se réveiller dans cette pièce propice à la méditation, où l'influence japonaise se fait sentir. Eddy François entretenait aussi des contacts très étroits avec des architectes et des designers japonais.

CONTEMPORARY ARTS & CRAFTS

Tribute to Frank Lloyd Wright

The landscape isn't the only mysterious element here; this home is nestled in the ancient dunes in a forest along the Dutch-Belgian border. The undergrowth is dense, and the house itself is completely hidden from view. The first thing you see is the walls constructed from unpolished, natural boulders. The instant association with illustrious American architect Frank Lloyd Wright and his masterpiece, the Fallingwater mansion built over a brook, is self-evident. The person living in this extraordinary country manor, international fashion entrepreneur Michael Arts, spent years in the States, where he developed a fascination with Wright's creations. He was especially intrigued by the creations in which the master engages in dialogue with nature. Like Wright, Arts is enamoured with Japanese culture and the Japanese countryside. There are Japanese prints adorning the walls throughout the house, and the garden includes trees from the Land of the Rising Sun. Arts designed the manor house ten years ago, but it looks like it's been here for decades. It was envisioned as a very literal shelter, an overhanging rock in which visitors will discover a wide range of collector's items. The occupant has been collecting since childhood; for instance, he adores antique designer lamps. There are sitting nooks and living areas with fireplaces all over the house. Arts also appreciates virtuoso handcraft, as evidenced in the gorgeous portor marble and the Macassar ebony used lavishly throughout, even in the finish on the doors. This exemplifies the contemporary Arts & Crafts revival at the very highest level. The home derives its meditative impact from the forest and the garden, revealing glimpses through the wide windows from every corner.

Tribute to Frank Lloyd Wright

NL Hier is niet alleen de omgeving mysterieus, maar ook de woning die rust op een oud duinenlandschap in een bos op de grens tussen België en Nederland. Doordat bijna alles begroeid is, merk je het pand amper op, het ligt helemaal verscholen. Het eerste wat je ervan ziet zijn trouwens ruwe, uit grote brokken natuursteen opgetrokken muren. Dat je meteen aan de illustere Amerikaanse architect Frank Lloyd Wright denkt, en dan ook nog aan zijn meesterwerk, de op een beek gebouwde Fallingwater, spreekt voor zich. De bewoner van dit bijzondere landhuis, internationaal fashionondernemer Michael Arts, woonde een hele tijd in de States en raakte daar gefascineerd door de creaties van Wright. Hij vindt vooral de ontwerpen waarin de meester dialogeert met de natuur uitermate boeiend. Net als Wright is Arts ook weg van de Japanse natuur en cultuur. Overal in dit huis hangen Japanse prenten en in de tuin staan bomen uit het land van de rijzende zon. Arts ontwierp het landhuis tien jaar geleden, maar je krijgt de indruk dat het er al decennia staat. Het is opgevat als een heuse schuilplaats, een overhangende rots waarin je een veelheid aan verzamelobjecten ontdekt. De bewoner verzamelt sinds zijn kinderjaren en is bijvoorbeeld tuk op antieke designlampen. Hij houdt trouwens van gedempt, zacht en poëtisch licht vol intimiteit. Overal ontdek je zit- en leefhoeken met openhaarden. Arts stelt ook virtuoos maatwerk op prijs, wat je merkt aan het prachtige portormarmer en het Makassar-ebbenhout waarmee zelfs de deuren werden gefineerd. Dit is een voorbeeld van de hedendaagse arts-and-craftsrevival van het hoogste niveau. De woning ontleent echter haar meditatieve kracht aan het bos en de tuin, waarvan je binnen overal glimpen opvangt dankzij de brede ramen.

EN
Michael Arts shares Frank Lloyd Wright's fascination with Japan. Besides Japanese prints, he also collects all sorts of Japanese and Asian plants that he has planted all around the house in dialogue with the geometric architecture, the concrete and the natural stone. The photo above was taken in the dining room slash kitchen, which links the intimate living room to the openness of the garden.

NL
Michael Arts deelt met Frank Lloyd Wright een fascinatie voor Japan. Naast Japanse prenten verzamelt hij allerlei Japanse en Aziatische planten die hij rond het huis heeft geplant en die dialogeren met de geometrische architectuur, het beton en het natuursteen. Hierboven vertoeven we in de eetkeuken, die een brug slaat tussen de intimiteit van de woonruimte en de openheid van de tuin.

FR
Michael Arts partage avec Frank Lloyd Wright une fascination pour le Japon. En plus des estampes japonaises, il collectionne les plantes japonaises et asiatiques, qui entourent la maison et dialoguent avec l'architecture géométrique, le béton et la pierre de taille. Ci-dessus, la cuisine-salle à manger assure la transition entre l'intimité du lieu de vie et l'ouverture du jardin.

FR Ici, le mystère est partout. Dans l'environnement, mais aussi dans la maison, édifiée au milieu d'un ancien paysage de dunes, dans une forêt à la frontière entre la Belgique et les Pays-Bas. La densité de la végétation est telle que le bâtiment, presque entièrement dissimulé, se remarque à peine. La première chose qu'on en voit, ce sont les murs porteurs en pierres taillées, qui évoquent irrésistiblement l'illustre architecte américain Frank Lloyd Wright, et surtout son chef-d'œuvre, Fallingwater, la Maison sur la Cascade. L'occupant de cette propriété originale, l'entrepreneur de mode international Michael Arts, a vécu un certain temps aux États-Unis, où les créations de Wright l'ont fasciné. Ses préférences vont à celles où le maître dialogue avec la nature. Comme Wright, Arts a subi l'influence de la nature et de la culture japonaises. Les estampes japonaises ont envahi toute la maison, et le jardin est planté d'arbres en provenance du pays du soleil levant. Cette maison de campagne a été créée par Arts il y a une dizaine d'années, mais elle donne l'impression de totaliser de nombreuses décennies. Elle a été conçue comme un authentique abri sous roche, où s'entassent quantité d'objets de collection, réunis depuis l'enfance par Arts, qui raffole notamment des anciennes lampes design. Il aime d'ailleurs la lumière tamisée, douce et poétique, favorable à l'intimité, et il a prévu un peu partout des coins de repos avec feux ouverts. De plus, il apprécie la virtuosité sur mesure, comme en témoignent le marbre Portor et l'ébène de Macassar, qui rehausse même les portes. Exemple de renaissance des Arts & Crafts, la maison emprunte sa densité méditative à la forêt et au jardin, dont elle absorbe les effluves par ses larges baies vitrées.

Tribute to Frank Lloyd Wright

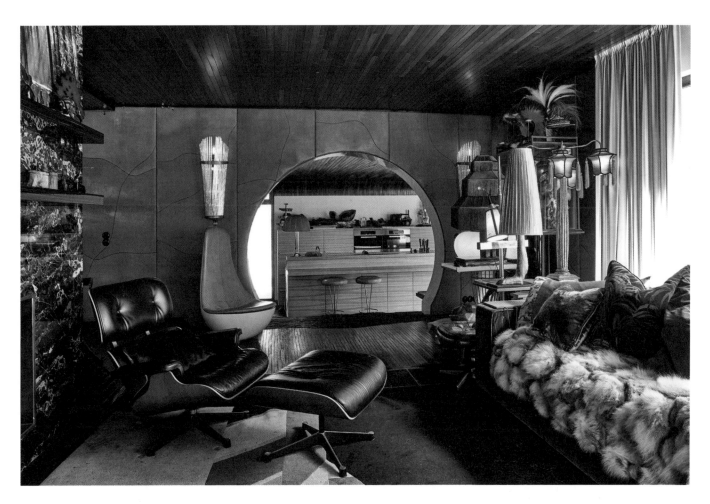

EN

The exterior has a distinctively Constructivist silhouette, but round shapes also surprise the eye indoors, like this doorway between the living room and the large kitchen. This exceptional wall is covered in leather, as are some floors in the bedrooms. This rural home could not be imagined without its imposing garden filled with plants from the Far East. The forest garden makes the home feel extraordinarily intimate, yet monumental. Also note the numerous vintage lamps from the 1950s and the large slabs of natural stone on the floor. This house is a temple filled with contrasts between materials, light and dark, rough and smooth.

NL

Het exterieur heeft een uitgesproken constructivistisch silhouet. Binnen word je ook door ronde vormen verrast, zoals hier tussen de leefruimte en de grote keuken. Deze bijzondere wand werd bekleed met leder, zoals ook sommige vloeren van de slaapkamers. Dit landhuis is ondenkbaar zonder zijn imposante tuin vol oosters groen. Deze bostuin schenkt de woning een bijzondere intimiteit en monumentaliteit. Let ook op de talrijke vintagelampen uit de fifties en de grote blokken natuursteen op de grond. Dit huis is een tempel vol contrasten tussen materialen, licht en donker en ruw en glad.

FR

L'extérieur présente une silhouette résolument constructiviste, mais, à l'intérieur, les formes rondes surprennent, par exemple ici entre le séjour et la grande cuisine. Cette paroi particulière est tendue de cuir, de même que certains sols dans les chambres. Impossible d'imaginer cette maison sans son imposant jardin à l'orientale, qui lui confère intimité et monumentalité. Remarquez aussi les nombreuses lampes vintage des années cinquante et les gros blocs de pierre sur le sol. Une sorte de temple, dominé par les contrastes entre les matériaux, la lumière et l'ombre, le brut et le lisse.

Tribute to Frank Lloyd Wright

Tribute to Frank Lloyd Wright

Countryside FAMILY HOME

In the region where we discovered this renovated farmhouse, the Brueghel family came to sketch the rolling hills of the landscape. We found ourselves surrounded by fields and orchards, just a stone's throw from Brussels. Charles and Ann-Sophie De Stoop and their children enjoy the rural peace and quiet. It's an authentic family home, and the family welcomes many friends within its walls. As an art historian, Ann-Sophie was previously a consultant for Christie's; she still travels all over the world looking for art, vintage and antiques to stock her interior design business. The farm was gently redecorated by Ghent-based architect Benoît Viaene, who swears by traditional craftsmanship and time-honoured techniques. The first detail you notice here is the delicately plastered, whitewashed walls that reflect the light like in an antique painting.

The basic structure of the farm has remained largely unaltered. The kitchen is the beating heart of the home. Ann-Sophie derived her inspiration from an Italian country manor. She elected to use materials with soul and signs of loving use. Effortlessly mixing old and new, vintage and antique, she also includes ceramics by Bela Silva or artworks by Hans Op de Beeck and Loris Cecchini, who made the relief sculpture over the living room fireplace.

Countryside

In a rural residence, the view of the landscape is not the only important aspect; the layout clearly differs from that of a classic villa. The hallways behind the façade here provide unusual lines of sight that allow you to see various spaces at a glance. High doorways make the long lines of sight even more appealing. The building received a simple, almost industrial finish with concrete floored and whitewashed walls.

NL

Bij een landelijke woning is niet alleen het uitzicht op het landschap van belang, maar ook de indeling, die duidelijk verschilt van een klassieke villa. Hier zorgen de gangen achter de gevels voor bijzondere doorzichten die je in één oogopslag verschillende ruimtes laten zien. Hoge deuren maken het doorzicht extra aantrekkelijk. Het pand kreeg een simpele, bijna industriële afwerking met betonnen vloeren en gekalkte muren.

FR

Dans une résidence rurale, ce n'est pas seulement la vue sur le paysage qui compte, mais aussi la disposition des pièces, qui diffère de celle d'une villa classique. Ici, les couloirs derrière les façades ménagent des perspectives originales, qui permettent d'embrasser plusieurs pièces d'un seul coup d'œil. La hauteur des portes rend les échappées particulièrement attrayantes. Avec ses sols bétonnés et ses murs chaulés, le bâtiment bénéficie d'une finition simple, quasi industrielle.

NL

In de streek waar we deze gerestaureerde boerderij ontdekken kwam de familie Bruegel schetsen maken van het glooiende landschap. Hier vertoeven we tussen velden en boomgaarden, op een steenworp van Brussel. Charles en Ann-Sophie De Stoop genieten hier samen met hun kinderen van de landelijke rust. Dit is dus echt een familiewoning, waar ook veel vrienden worden ontvangen. Ann-Sophie is niet alleen kunsthistorica, ze werkte ook lange tijd als consultant voor Christie's. Ze reist nog steeds de wereld af op zoek naar kunst, vintage en antiek voor haar interieurzaak. De boerderij werd met zachte hand verbouwd door de Gentse architect Benoît Viaene, die zweert bij traditionele en ambachtelijke technieken. Wat je hier meteen merkt aan de delicaat gepleisterde en gekalkte wanden die het licht weerkaatsen als op een antiek interieurschilderij. Aan de basisstructuur van de boerderij werd trouwens weinig gesleuteld. De keuken is het kloppende hart. Ann-Sophie heeft zich daarvoor geïnspireerd op een Italiaans landhuis. Ze verkiest trouwens materialen met een ziel en slijtage. Maar ze mixt ook moeiteloos oud en nieuw, vintage en antiek met bijvoorbeeld keramiek van Bela Silva of kunstwerken van Hans Op de Beeck en Loris Cecchini, die het reliëf boven het haardvuur in de living room maakte.

FR

La région où nous découvrons cette ferme restaurée a vu la famille Bruegel croquer le paysage en pente douce. Nous voici entre champs et vergers, à un jet de pierre de Bruxelles. Charles et Ann-Sophie De Stoop y jouissent, avec leurs enfants, du calme de la campagne. Dans cette authentique maison familiale, les amis sont aussi les bienvenus. Historienne de l'art, Ann-Sophie a longtemps travaillé comme consultante pour Christie's, et elle continue à sillonner le monde en quête d'œuvres d'art, d'objets vintage et d'antiquités pour son magasin de décoration d'intérieur. La ferme a bénéficié d'une rénovation douce par l'architecte gantois Benoît Viaene, qui ne jure que par les techniques traditionnelles et artisanales, ainsi qu'en témoignent les murs délicatement crépis et chaulés, qui réfléchissent la lumière comme dans un tableau ancien. La structure de base de la ferme n'a d'ailleurs subi que peu de modifications. Pour la cuisine, cœur de la maison, Ann-Sophie s'est inspirée d'un manoir italien. Ses préférences vont à des matériaux qui ont une âme et trahissent l'usure du temps. Mais elle n'a aucun mal à mélanger l'ancien et le nouveau, le vintage et les antiquités avec les céramiques de Bela Silva, par exemple, ou les œuvres d'art de Hans Op de Beeck et de Loris Cecchini, qui a réalisé le relief ornant le salon, au-dessus du foyer.

Her career selling art and antiques left
Ann-Sophie De Stoop with a passion for
natural materials and simple shapes. She
loves fairly bare whitewashed walls with
well-proportioned windows and doors. 1950s
furniture made of iron and rattan is another
of her favourites, especially its distinctive
graphic character.

Aan haar carrière in de kunst- en
antiekhandel hield Ann-Sophie De Stoop een
voorliefde over voor natuurlijke materialen
en simpele vormen. Ze houdt van vrij kale,
gekalkte muren met mooi geproportioneerde
ramen en deuren. Ze heeft ook een voorliefde
voor fiftiesmeubilair van ijzer en rotan,
waarvan ze het uitgesproken grafische
karakter waardeert.

Ann-Sophie De Stoop doit à sa carrière dans
le commerce de l'art et des antiquités une
prédilection pour les matériaux naturels
et les formes simples. Elle aime les murs
chaulés, pratiquement nus, avec des fenêtres
et des portes bien proportionnées. Elle
raffole également du mobilier des fifties
en fer forgé et rotin, dont elle apprécie le
caractère graphique prononcé.

Countryside

EN
The dining room exemplifies
contemporary rural flavour,
with a rough table topped
in mahogany, and works by
Nathalie Provosty (left) and
Leon Vranken (right) on the wall.
The robust ceramic vase on
the table is by Bela Silva. The
Scandinavian vintage chairs add
an elegant note. The combination
of rough materials and graphic
accents is refreshing.

NL
De eetkamer is een voorbeeld van
hedendaagse landelijkheid, met
een ruwe tafel voorzien van een
mahoniehouten blad, en aan de
muur werk van Nathalie Provosty
(links) en Leon Vranken (rechts).
De robuuste keramiek op tafel is
van Bela Silva. De Scandinavische
vintagestoelen zorgen voor een
elegant accent. De combinatie
van ruwe materialen en grafische
accenten werkt verfrissend.

FR
La salle à manger est un modèle de
ruralité contemporaine, avec une
table brute dotée d'un plateau en
acajou et, au mur, des œuvres de
Nathalie Provosty (à gauche) et de
Léon Vranken (à droite). Le robuste
vase en céramique sur la table est de
Bela Silva. Les chaises scandinaves
vintage ajoutent à l'ensemble une
touche d'élégance. La combinaison
de matériaux bruts et d'accents
graphiques a un effet rafraîchissant.

Modernism

AVANT GARDE HOUSE

When architect Nachman Kaplansky left
Tel Aviv in 1925 to start a new life in Antwerp,
the port city was completely enveloped in
the Roaring Twenties. The avant-garde scene
was alive and kicking, and many artists
and architects lived there, including Ossip
Zadkine and Le Corbusier, who also built a
modern home there. Many of the architects
loved modern lines, using flat roofs, angular
structures without decorations, and wide
windows. Those design elements were also
the territory where architect Kaplansky
felt at home when he finished this house in
1934. The residence is in a green, forested
environment and its garden was designed by
landscaper René Latinne, one of Belgium's
most prominent landscape architects during
the interbellum. Garden architects Bart
Haverkamp and Peter Croes breathed new

life into the garden this time around. The
country home was recently restored by
famous Antwerp-based bureau B-architecten
and B-bis architecten in cooperation with
Olga Perez. 'The building had been renovated
twice since 1932, erasing some of its Bauhaus
character, which we have now restored,'
says Dirk Engelen from B-architecten.
The interior is sleek and contemporary,
exuding the atmosphere of Early Modernist
architecture. The use of materials is also
highly elegant and sophisticated, as Dirk
explains, Referencing the terrazzo floors, the
cabinets made from rosewood and walnut,
and the travertine. The forests between
Antwerp and the Dutch border boast quite a
few Modernist gems.

Modernism

NL Toen architect Nachman Kaplansky in 1925 uit Tel Aviv vertrok om zich in Antwerpen te vestigen was de havenstad helemaal in de ban van de *roaring twenties*. Er was een hele avant-gardescene actief en tal van kunstenaars en architecten hielden er halt, zoals Ossip Zadkine en Le Corbusier, die er ook een strak huis bouwde. Heel wat bouwheren waren tuk op de moderne architectuurlijn, met platte daken, hoekige constructies zonder versiering en brede ramen. Dat was ook de vormgeving waarin Kaplansky, die dit huis in 1934 afwerkte, zich thuis voelde. Het huis staat trouwens in een groene bosomgeving en de tuin werd destijds ontworpen door tuinarchitect René Latinne, die tijdens het interbellum een van de meest toonaangevende landschapsarchitecten van België was. De tuin werd nu trouwens opnieuw tot leven gewekt door tuinarchitecten Bart Haverkamp en Peter Croes. Het landhuis zelf werd onlangs gerestaureerd door het bekende Antwerpse bureau B-architecten en B-bis architecten in samenwerking met Olga Perez. 'Het pand werd na '34 tweemaal verbouwd en verloor een beetje zijn Bauhauskarakter, dat we nu hebben teruggeschonken', aldus Dirk Engelen van B-architecten. 'Het interieur is hedendaags strak, maar ademt toch de sfeer uit van het vroege modernisme. Het is ook qua materialen heel elegant en verfijnd', aldus Dirk. Hij verwijst naar de terrazzovloeren, de kasten van palissander en notelaar, en het travertijn. In de bossen tussen Antwerpen en de Nederlandse grens ontdek je trouwens nog heel wat parels uit het modernisme.

The region around Antwerp remains a shining example of pre-war modern architecture. Quite a few sleek villas were built back then, generally with Constructivist masonry as a finishing touch. This villa experienced some degree of transformation later and was restored to Bauhaus style by B-architecten. This local architecture firm enhanced the building's interior and exterior architecture. The relatively wild garden also plays an important role, engaging in a subtle dialogue with the stark lines of the architecture.

NL
De regio rond Antwerpen blijft toonaangevend voor wat de vooroorlogse moderne architectuur betreft. Er werden heel wat strakke villa's gebouwd, meestal afgewerkt met constructivistisch metselwerk. Deze villa onderging later een zekere gedaanteverwisseling en werd door het bureau B-architecten hersteld in haar Bauhausstijl. Zowel interieur als exterieur werd de architectuur door hen versterkt. Daarbij speelt ook de vrij wilde tuin een belangrijke rol, die op een subtiele wijze dialogeert met de strakke architectuur.

FR
En matière d'architecture moderne d'avant-guerre, la région anversoise est sans équivalent. Dans la plupart des nombreuses villas épurées qui y ont été construites, la maçonnerie renvoie au constructivisme. Celle-ci ayant été transformée ultérieurement, le bureau B-architecten l'a restaurée dans son style Bauhaus. L'architecture a été renforcée, tant intérieurement qu'extérieurement, et le jardin à demi sauvage dialogue subtilement avec les lignes sobres du bâtiment.

FR Lorsque l'architecte Nachman Kaplansky a quitté Tel-Aviv pour Anvers en 1925, la cité portuaire était sous l'emprise des Roaring Twenties. L'avant-garde y était très active, et nombre d'artistes et d'architectes y faisaient halte, notamment Ossip Zadkine, ainsi que Le Corbusier, qui y a édifié une maison d'une grande pureté de lignes. Quantité de constructeurs raffolaient de l'architecture moderne, avec toitures plates, volumes anguleux sans fioritures et larges fenêtres, et l'architecte Kaplansky, qui a terminé cette maison en 1934, ne faisait pas exception à la règle. Le bâtiment se dresse d'ailleurs dans un environnement boisé, et le jardin, conçu par l'architecte paysagiste René Latinne, un des grands noms de l'entre-deux-guerres, a été ramené à la vie par les architectes de jardin Bart Haverkamp et Peter Croes. La maison elle-même a été restaurée récemment par un bureau anversois réputé, B-architecten et B-bis architecten en coopération avec Olga Perez. 'Les deux rénovations successives qu'elle avait subies après 1934 lui avaient fait perdre un peu de son caractère Bauhaus, que nous lui avons restitué', commente Dirk Engelen de B-architecten. L'intérieur combine la sobriété contemporaine avec l'ambiance du modernisme précoce. Et les matériaux utilisés assurent élégance et raffinement, poursuit Dirk, en désignant les sols en terrazzo, les armoires en palissandre et noyer, et le travertin. Les bois entre Anvers et la frontière néerlandaise abritent d'ailleurs d'autres perles du modernisme.

Modernism

Modernism

Modernism

EN
Before the restoration work, the interior had been fairly closed off due to later additions, which were erased to maximise the open-plan living space. The many windows make the garden a strongly surrounding presence. The interior is fairly plain, but the sculptural volumes make it extraordinarily powerful and pure. The architects and the commissioning client also opted for distinctive materials, such as the cupboards made of solid walnut and rosewood, as well as the travertine on the floors. These materials were also popular in the 1930s.

NL
Voor de restauratie zag het interieur er vrij gesloten uit door aanvullingen die in de loop der jaren gebeurden. Die werden weggegomd om een zo open mogelijke leefruimte te creëren. Door de vele vensters is de tuin alom aanwezig. Het interieur is vrij sober, maar door de sculpturale volumes bijzonder krachtig en zuiver. De architecten en de bouwheer kozen voor uitgelezen materialen, zoals kasten van massief notenhout en palissander, en travertijn op de vloeren. Die materialen waren ook in de jaren 1930 populair.

FR
L'intérieur, d'aspect plutôt fermé avant la restauration, a été transformé en un espace de vie aussi ouvert que possible par la suppression de certaines structures additionnelles. Grâce aux nombreuses fenêtres, le jardin est omniprésent. L'intérieur est assez sobre, mais ses volumes sculpturaux lui confèrent un mélange de puissance et de pureté. D'autant que les architectes et le maître d'ouvrage ont opté pour des matériaux raffinés, également appréciés dans les années 1930, comme le noyer et le palissandre massifs pour les armoires et le travertin pour les sols.

EN
The modern kitchen made from gorgeous granite is a contemporary creation that brings the nature indoors. It is a lovely example of the revival of customised craftsmanship and artisanal beauty in contemporary design. The concrete stairs dominate the open living space as a nod and a wink to a set of spiral stairs that Le Corbusier designed in 1929 for Charles de Beistegui's apartment in Paris.

NL
De strakke keuken met prachtig granito is een hedendaagse creatie die de natuur naar binnen haalt. Dit is een mooi voorbeeld van de revival van maatwerk en ambachtskunst in een actuele vormgeving. In de open leefruimte domineert de betonnen trap, die een knipoog is naar de draaitrap die Le Corbusier in 1929 ontwierp voor het appartement van Charles de Beistegui in Parijs.

FR
La cuisine épurée rehaussée de granito est une création contemporaine qui fait entrer la nature dans la maison. C'est un bel exemple de la renaissance du sur mesure et de l'artisanat dans l'esthétique actuelle. Le séjour largement ouvert est dominé par un escalier en béton, clin d'œil à l'escalier hélicoïdal conçu par Le Corbusier, en 1929, pour l'appartement de Charles de Beistegui à Paris.

Modernism

Modernism

EN
Although the overall structure takes us back to pre-war Modernism, the interior is entirely appropriate to the current era, furnished with gorgeous vintage items from the 1950s, like the lounge chair by Harry Bertoia. In this interior, we also sense the silent come-back of delicate minimalism filled with playful details.

NL
Terwijl de algemene structuur ons terugvoert naar het vooroorlogse modernisme, is het interieur weer helemaal van onze tijd, en gestoffeerd met prachtige vintagemeubels uit de jaren 1950, zoals de lounge chair van Harry Bertoia. In dit interieur voelen we ook de stille comeback van delicaat minimalisme vol speelse details.

FR
Si la structure générale nous ramène au modernisme d'avant-guerre, l'intérieur est résolument ancré dans notre époque, avec de beaux meubles vintage des années 1950, dont la fameuse chaise longue de Harry Bertoia. Nous y percevons aussi le come-back discret d'un minimalisme délicat regorgeant de détails ludiques.

EN
In a quiet part of the garden, we discover this concrete pavilion designed by B-architecten. This is the yoga spot, from which the entire home can be viewed. The rough poured concrete gives the structure a Brutalist character. This garden room also serves as a guest accommodation, but is first and foremost a meditation space.

NL
Op een stille plek in de tuin ontdekken we dit betonnen paviljoen, ontworpen door de B-architecten. Dit is de yogaplek van waaruit je de hele woning kunt zien. Door het ruw gestorte beton kreeg het bouwwerk een brutalistisch karakter. Deze tuinkamer doet ook dienst als gastenverblijf, maar is in de eerste plaats een meditatieruimte.

FR
Au jardin, dans un endroit tranquille, nous découvrons ce pavillon de jardin en béton conçu par B-architecten. C'est une salle de yoga d'où le regard embrasse toute la maison. Le béton coulé donne à l'ensemble un caractère brutaliste. Ce pavillon de jardin sert aussi de maison d'hôtes, mais avant tout d'espace de méditation.

Swedish rooms

BELLE EPOQUE

When this sizable villa was constructed, the commissioning client looked for a site in Brussels' green belt. The building is right beside the famous Africa Museum built by Tervuren, with its collections of Congolese art. The house was built around 1900, when Victor Horta and Henry Van de Velde made waves with art nouveau style, the influence of which can be felt in the interior of this Belle Epoque house. These days it's occupied by creative duo Lise Coirier and Gian Giuseppe Simeone. Both of them are art historians working on an international career; Lise works in contemporary design, while Gian Giuseppe does cultural projects all around the globe. They also run the Spazio Nobile art gallery in Brussels. They recently redecorated their home in collaboration with interior architect Anne Derasse. Their influence is also very clearly seen, since many of the designer objects – frequently prototypes – were brought here via Lise. Their circle of friends includes quite a few designers, artists and sculptors as well. This house also exudes the tender, gentle atmosphere of the intimate interiors painted by Danish artist Vilhelm Hammershoi. These Scandinavian notes are recognisable from the colours, the light, and the furniture handed down from the family. Gian Giuseppe has Swedish roots too, and it's extraordinary to see how all these influences spontaneously crystallise in this manor house surrounded by lush greenery.

Swedish rooms

Swedish rooms

Swedish rooms

This manor house near Brussels was built in the early 20th century, in the eclectic style that was widely acclaimed at the time. Art Nouveau elements can be identified in the decorations. The building was tenderly freshened up under the auspices of interior architect Anne Derasse, but nearly all the old elements have been retained. The occupants follow an international course of travel that takes them as far as Africa, as the winter garden reflects. It also includes quite a lot of contemporary design, such as the Moonlamp by Nathalie Dewez in the entry hall.

NL

Dit landhuis in de buurt van Brussel werd in het begin van de 20ste eeuw opgetrokken in de eclectische stijl die toen bijzonder werd geapprecieerd. In de versiering herkennen we hier en daar art-nouveaumotieven. Het pand werd met zachte hand opgefrist onder leiding van interieurarchitect Anne Derasse, maar bijna alle oude elementen bleven bewaard. De bewoners volgen een internationaal parcours dat zelfs via Afrika leidt, dat merk je in de wintertuin. Er is ook heel wat hedendaags design aanwezig, zoals de Moon Lamp van Nathalie Dewez in de inkomhal.

FR

Cette propriété des environs de Bruxelles a été construite au début du vingtième siècle, dans le style éclectique qui faisait fureur à l'époque. La décoration inclut çà et là des motifs art nouveau. Le bâtiment a été rénové en douceur sous la direction de l'architecte d'intérieur Anne Derasse, mais la quasi-totalité des éléments anciens ont été conservés. Si le jardin d'hiver révèle le parcours international des habitants, qui passe notamment par l'Afrique, le design contemporain est présent dès le hall d'entrée, avec la Moon lamp de Nathalie Dewez.

NL   Destijds zocht de bouwheer van deze grote villa de groene gordel van Brussel op. Het pand ligt net naast het vermaarde Afrikamuseum van Tervuren met zijn collecties Congolese kunst. Het huis dateert van rond 1900, toen Victor Horta en Henry Van de Velde furore maakten met de art-nouveaustijl. Daarvan merk je best wat invloed in het interieur van dit belle-époquelandhuis. Ondertussen wordt het bewoond door het creatieve duo Lise Coirier en Gian Giuseppe Simeone. Ze zijn beiden kunsthistorici en bouwden een internationale carrière uit: Lise met hedendaags design en Gian Giuseppe met tal van culturele projecten over de hele aardkluit. Ze runnen in Brussel ook de art gallery Spazio Nobile. Lise en Gian Giuseppe hebben hun pand onlangs heringericht samen met interieurarchitect Anne Derasse. Maar ook hun invloed is heel tastbaar, want veel designobjecten – niet zelden prototypes – werden hier dankzij Lise binnengebracht. Bovendien telt het koppel onder hun vrienden heel wat designers en beeldend kunstenaars. In dit huis snuif je echter ook de tedere sfeer op van de interieurschilderingen van de beroemde intimistische Deense kunstschilder Vilhelm Hammershoi. Je herkent die Scandinavische toetsen aan de kleuren, het licht en de meubels die uit familiebezit komen. Gian Giuseppe heeft immers ook Zweedse wortels. Het is bijzonder te zien hoe al die invloeden zich in dit door groen omarmde landhuis op spontane wijze kristalliseren.

FR   En ce temps-là, le constructeur de cette grande villa visitait la ceinture verte de Bruxelles. La propriété jouxte le fameux Musée royal de l'Afrique centrale à Tervuren, avec ses collections d'art africain. Le bâtiment date des environs de 1900, quand Victor Horta et Henry Van de Velde faisaient fureur grâce au style art nouveau, dont l'influence a marqué l'intérieur de cette résidence Belle Époque, aujourd'hui occupée par le duo de créateurs Lise Coirier et Gian Giuseppe Simeone. Tous deux historiens de l'art, ils se sont bâti une carrière internationale, Lise grâce au design contemporain et Gian Giuseppe avec des projets culturels aux quatre coins du monde. Ils gèrent également, à Bruxelles, la galerie d'art Spazio Nobile. Ils ont récemment réaménagé leur cadre de vie avec l'aide de l'architecte d'intérieur Anne Derasse, mais l'influence du couple est tangible, de nombreux objets design, dont certains prototypes, ayant été apportés par Lise. En outre, Lise et Gian Giuseppe comptent parmi leurs amis quantité de designers et d'artistes. Mais cette maison distille aussi la tendresse propre aux intérieurs d'appartements du peintre intimiste danois Vilhelm Hammershoi. La note scandinave est donnée par les couleurs, la lumière et les meubles de famille. Car Gian Giuseppe a aussi des racines suédoises, et rien n'est plus fascinant que de voir toutes ces influences se cristalliser spontanément dans cette belle demeure entourée de verdure.

EN
The salon is a playful nod to the occupants' Scandinavian roots. Antique Swedish furniture, all family heirlooms, creates a decor reminiscent of paintings by Vilhelm Hammershoi. It goes perfectly with antique Domus chairs (left) by Finnish designer Ilmari Tapiovaara and with the white Bench by Belgian designer Charles Kaisin. The dining room features a vintage sideboard by Jos Demey and a table by Carl Hansen, set with porcelain by Pieter Stockmans and surrounded by Wishbone chairs by Hans Wegner. The metal stool is by Oskar Zieta.

NL
De salon is een knipoog naar de Scandinavische wortels van de bewoners. Antieke Zweedse meubels uit familiebezit zorgen voor een decor dat doet denken aan de schilderijen van Vilhelm Hammershoi. Daar passen antieke Domuschairs (links) van de Finse designer Ilmari Tapiovaara bij, net als de witte Bench van de Belgische designer Charles Kaisin. In de eetkamer staan een vintagebuffet van Jos Demey en een tafel van Carl Hansen met daarop porselein van Pieter Stockmans. Naast de tafel staan Wishbonestoelen van Hans Wegner. De metalen taboeret is van Oskar Zieta.

FR
Le salon est un clin d'œil aux racines scandinaves des habitants. Des meubles suédois antiques, appartenant à la famille, créent un décor qui évoque les tableaux de Vilhelm Hammershoi. Les chaises Domus (à gauche) du designer finnois Ilmari Tapiovaara s'y intègrent harmonieusement, de même que le banc K-Bench blanc du designer belge Charles Kaisin. Dans la salle à manger, un buffet vintage de Jos Demey voisine avec une table de Carl Hansen ornée d'une porcelaine de Pieter Stockmans et des chaises Wishbone de Hans Wegner. Le tabouret métallique est d'Oskar Zieta.

Swedish rooms

Humour house METROPOLITAN

That authentic rural style is a bit boring, says Brussels-based architect Caroline Notté, somewhat provocatively. She works in architecture, design and photography. She travels all over the world, from London to New York, visiting all the best places, and is familiar with the contemporary art and architecture scene. All those influences are palpable in the homes she designs, in this case for Charles Henri t'Kint de Roodenbeke. The result is a lot like a major metropolitan residence in the countryside. She claims rural homes can use a bit of metropolitan dynamic; it doesn't always have to look so rustic, in her opinion. This country home was thoroughly renovated and received a fairly open floor plan. However, the use of colours, lines, graphic patterns, vintage elements and photography give it an almost overdone flair.

Caroline Notté isn't afraid to add a humorous note. Her contemporary mix-and-match style is instantly recognisable, combining cutting-edge design and current art with antique family heirlooms. The resulting impression is that the interior has been around forever, simply evolving over time. The structure of the building, with its elongated trunk, creates a progressive sequence of rooms, almost an enfilade, with extra dynamics and delightfully extended lines of sight. In this house, you may be surrounded by the lush greenery of rural southern Brabant, but the big city is never far away.

Humour house

'De echt landelijke stijl vind ik nogal saai', zegt de Brusselse architect Caroline Notté lichtjes provocerend. Ze is zowel actief in de architectuur, design als fotografie. Ze reist de wereld af van Londen naar New York, bezoekt alle places to be en is vertrouwd met de hedendaagse kunst- en architectuurscene. Je voelt al die invloeden in de woningen die ze inricht, hier voor Charles Henri t'Kint de Roodenbeke. Het resultaat is een beetje de grote stad op het platteland. 'Voor mij verdraagt ook een landelijke woning best wat grootstedelijke dynamiek, het hoeft er niet allemaal zo rustiek uit te zien', stelt ze. Deze landelijke woning werd grondig gerenoveerd en kreeg een vrij open grondplan. Maar vooral de invulling met kleuren, lijnen, grafische motieven, vintage en fotografie geeft er een zelfs een ludieke schwung aan. Caroline Notté is niet bang van een humoristisch accent. Je herkent meteen de hedendaagse mix-and-matchstijl die ook nieuw design en hedendaagse kunst combineert met wat antiek uit familiebezit. Dat wekt de indruk dat het interieur al lang bestaat en gewoon meegroeit met zijn tijd. Daarenboven zorgt ook de structuur van het gebouw, met een langgerekt lichaam, een soort enfilade van kamers, voor extra dynamiek en heerlijke doorzichten. Kortom, hier vertoef je wel in het groen van het landelijke Waals-Brabant, maar is de grote stad nooit ver weg.

Humour house

Rural never means rustic or retro, as architect Caroline Notté envisions it. On the contrary, her rural homes have a relatively metropolitan feel. The interior is an escape from the rural landscape, and yet it has a calming effect. The people who live here clearly travel extensively, sampling local atmospheres along the way that add exotic flavours to their home. This is a fairly eclectic décor with lots of fun finds, antiques as well as modern art and design. Many of the landscape photos are by Caroline Notté herself, who also photographs professionally.

NL
Voor architect Caroline Notté betekent landelijk nooit rustiek of retro. Integendeel, haar landelijke woningen hebben zelfs iets van de grootstad. Je ontsnapt er een beetje aan het landelijke groen en toch kom je tot rust. De eigenaars van deze woning reizen veel en snuiven overal sferen op waarvan je hier de neerslag merkt. Dit is een vrij eclectisch decor met vele trouvailles, zowel antiquiteiten als modern design of kunst. Veel van de landschapsfoto's zijn trouwens van Caroline Notté zelf, die ook als fotografe actief is.

FR
Pour l'architecte Caroline Notté, rural n'est jamais synonyme de rustique ou de rétro. Au contraire, ses résidences rurales présentent toujours une touche urbaine, ce qui permet aux habitants d'échapper à la verdure campagnarde tout en jouissant du calme. Ici, les propriétaires sont manifestement de grands voyageurs, qui collectionnent les ambiances. Le résultat est un décor très éclectique ponctué de diverses trouvailles, les antiquités se mêlant au design et à l'art modernes. Parmi les nombreuses photos de paysages, beaucoup sont d'ailleurs de Caroline Notté elle-même, qui est également photographe.

FR Le vrai style rural me paraît plutôt ennuyeux, lance l'architecte bruxelloise Caroline Notté avec une pointe de provocation. Pour elle qui mène de front architecture, design et photographie, sillonnant le monde de Londres à New York pour visiter toutes les 'places to be', l'architecture et l'art contemporains n'ont aucun secret. Toutes ces influences se retrouvent dans les habitations qu'elle aménage, ici pour Charles Henri t'Kint de Roodenbeke. Le résultat a quelque chose d'une métropole en pleine campagne. Pour moi, une maison rurale peut s'accommoder d'un peu de dynamisme urbain, au lieu de tout miser sur la rusticité, tranche Caroline Notté. Cette habitation rurale a été rénovée à fond, avec un plan au sol très ouvert. Mais ce sont surtout les éléments de remplissage – couleurs, lignes, motifs graphiques, objets vintage et photos – qui donnent à l'ensemble un élan ludique. Caroline Notté ne craint pas les accents humoristiques. D'emblée, nous reconnaissons le style mix and match, qui combine ici le design et l'art contemporain avec des antiquités familiales, suscitant l'impression que cet intérieur existe depuis longtemps et qu'il a tout simplement évolué avec son époque. En outre, la structure du bâtiment, avec son corps allongé et son enfilade de pièces, assure une dynamique supplémentaire et de superbes échappées. Bref, si rural et verdoyant que soit le Brabant wallon, la grande ville n'est jamais bien loin.

Humour house

Bohemian AN OLD HOUSE

In the very heart of downtown historic Lier, a green spot where a convent once stood is almost like the countryside itself. The huge historic home was redone by interior architect Catherine De Vil in a rustic contemporary style. The spacious building has gorgeous proportions and its old floors, beams, doors and whitewashed walls are reassuringly solid. Its high windows allow amazing daylight to flood in. The flowing water near the front door reflects sunshine into the house, casting dancing ripples on the ceiling. The nonchalant, unaffected style designed by Catherine De Vil brings the interior to exuberant life. Cosy corners, lots of warm colours, and beautiful objects are everywhere. The mix of ancient and vintage is refreshing. Catherine calls her style "bohémien". She loves pure lines, clear structure, and lively decoration.

She adores old buildings that have never lost their heart and soul. In her opinion, many modern homes are overly simplistic and functional. "In an older building, you have liminal spaces and the rooms aren't neatly aligned, since they were once used for very different purposes or had been redesigned before. We turned two houses into one." Her 16th-century house was part of a convent in the 18th century and later became a school.

Bohemian

Bohemian

EN

Its proportions and old beams give this city home a rural personality. Interior architect Catherine De Vil launched her career with renowned Belgian antiquarian Axel Vervoordt. Her passion for old furniture and traditional patina comes from those early days, although she now combines old and new, vintage and antique. The photo above the white canopy is by Marc Lagrange. The salon table with the Italian floor tiles is her own creation.

NL

Door zijn proporties en oude balken heeft dit stadshuis een landelijk karakter. Interieurarchitecte Catherine De Vil begon haar carrière bij de befaamde Belgische antiquair Axel Vervoordt. Daar komt haar liefde voor oude meubels en patina vandaan. Catherine mengt oud en nieuw, vintage en antiek. De foto boven de witte canapé is van Marc Lagrange. De salontafel met de Italiaanse vloertegels is een eigen creatie.

FR

Par ses proportions et ses poutres anciennes, cette maison de ville affiche un caractère rural. L'architecte d'intérieur Catherine De Vil a d'ailleurs commencé sa carrière chez le célèbre antiquaire belge Axel Vervoordt, ce qui explique son amour des vieux meubles et de la patine du temps. Mais elle aime mélanger l'ancien et le nouveau, le vintage et les antiquités. La photo au-dessus du canapé blanc est de Marc Lagrange. La table de salon avec les carreaux italiens est une création personnelle.

NL

Het historische stadje Lier heeft midden in het centrum een groen hart waar ooit een klooster stond, een plek waar je op het platteland lijkt te vertoeven. De grote, historische woning van interieurarchitecte Catherine De Vil is op een hedendaagse manier landelijk van stijl. Het ruime pand heeft prachtige proporties en zorgt door zijn oude vloeren, balken, deuren en met leem bezette muren voor heel wat geborgenheid. Er valt verrassend veel licht door de hoge ramen. Bovendien stroomt er naast de deur water, waarvan de weerspiegeling reflecteert op de plafonds. Door de nonchalante en ongedwongen interieurstijl van Catherine De Vil komt het huis helemaal tot leven. Je ontdekt overal knusse hoeken, veel warme kleuren en mooie objecten. De mix van eeuwenoud en vintage werkt verfrissend. Catherine noemt haar stijl 'bohémien'. Ze houdt van pure lijnen, een duidelijke structuur en een levendige decoratie. Ze is weg van oude panden met een ziel. Veel moderne woningen vindt ze te eenvoudig en te functioneel. 'In een oud pand heb je ruimte over en liggen de kamers niet netjes naast elkaar, omdat ze ooit heel andere functies hadden of al eens eerder door elkaar werden gegooid. Wij maakten van twee huizen één.' Haar zestiende-eeuwse huis maakte in de achttiende eeuw deel uit van een klooster en werd daarna een school.

FR

La petite cité historique de Lierre a un cœur verdoyant, un lieu où se trouvait autrefois un monastère, et qui donne l'impression d'être en pleine campagne. Dans la grande maison historique de l'architecte d'intérieur Catherine De Vil, le style rural est interprété de façon contemporaine. Cette vaste demeure se distingue par ses superbes proportions, et l'ancienneté de ses sols, poutres, portes et murs enduits d'argile y crée une impression d'intimité et de sécurité. Un flot de lumière d'une étonnante intensité pénètre par les hautes fenêtres, et le cours d'eau près de la porte se reflète à l'intérieur, sur les plafonds. Le style à la fois nonchalant et décontracté de Catherine De Vil donne vie à la maison. Coins douillets, couleurs chaudes, beaux objets… Le mélange du séculaire et du vintage est rafraîchissant. Catherine appelle ce style "Bohémien". Ses préférences vont aux lignes pures, aux structures claires et à la décoration chaleureuse. Elle adore les vieux immeubles qui ont une âme. Nombre de maisons modernes lui semblent trop simples et trop fonctionnelles. "Dans un vieil immeuble, la place ne manque pas, et les pièces ne sont pas soigneusement alignées, parce qu'elles ont eu jadis d'autres fonctions ou qu'une première redistribution a déjà eu lieu. Nous avons réuni deux maisons en une." Sa maison du XVIe siècle a été intégrée à un monastère au XVIIIe siècle, pour ensuite devenir une école.

Bohemian

Old buildings embody many souls. They exude the peace and quiet of centuries. The high ceilings allow beautiful light to pour in. From the stairs, you can also catch a glimpse of the water beside this house. Once a convent, later a school, the building is now a spacious home with a labyrinth of rooms and hallways. Note how Catherine combines old and new, updating the rural character by using plentiful white highlights.

Oude panden hebben vele zielen. Ze ademen de rust uit van eeuwen. Door de hoge plafonds komt schitterend licht binnenvallen. Vanaf de trap vang je een glimp op van het water naast het huis. Dit gebouw was ooit een klooster, daarna een school en nu een riante woning met een wirwar van kamers en gangen. Let op de wijze waarop Catherine oud en nieuw combineert en door het gebruik van vele witte accenten de landelijkheid actualiseert.

Les vieilles maisons ont une âme. Elles respirent une paix séculaire. Les plafonds sont si hauts que la lumière entre à flots. De l'escalier, on aperçoit même la pièce d'eau qui jouxte la maison. Après avoir été successivement un monastère et une école, ce bâtiment est devenu une agréable habitation, avec un labyrinthe de pièces et de couloirs. Notez la manière dont Catherine combine l'ancien et le nouveau et actualise la ruralité à coups d'accents blancs.

73   Bohemian

The Blue room WATERLOO

Just a stone's throw from the spot where famous Belgian designer Jules Wabbes lived and Napoleon lost his last battle, in Lasne, right next to Waterloo, we step into Vincent and Caroline Colet's home. Colet not only breathed new life into the renowned designer's firm, but also takes a meditative approach to art and vintage. Jules Wabbes would certainly have felt at home here, in a home that looks like a studio and was once a farm. Colet has quite a lot in common with the renowned Belgian designer. He also started as an ébénist and antiquarian, later developing a passion for avant-garde design, a passion that brought him to Switzerland. "The Swiss developed a lot of industrial design by using a purely functional Bauhaus standard," he explains. Vincent is fascinated by industrial design, like the Triplex lamps by Swedish designer Johan Petter Johansson. The garden of this country home transitions seamlessly into the surrounding fields. The interior is very open, right from the front door. From there, you walk on through to the big desk with the table and chairs by designer Christophe Gevers, returning to the garden via the cobalt blue sitting room. Based in Antwerp and Brussels, Gevers had his breakthrough in the 1960s, when French painter Yves Klein made a big splash with his blue period. "The blue room was inspired by a blue wall rack by Gevers." The blue room creates an alienating effect and immediately transports you out of this rural setting: a striking contrast.

The Blue room

EN
Vincent Colet started as an
ébénist, went on to restore
antique furniture, then became a
vintage antiquarian; these days
he dedicates himself to reissuing
creations by several exceptional
Belgian designers, like Jules
Wabbes and Christophe Gevers,
who also authored this blue
garden mobile. Caroline painted
the living room in Yves Klein blue,
inspired by a blue rack by Gevers.

NL
Vincent Colet begon als ebenist,
restaureerde ooit antieke
meubels, werd vervolgens vintage
antiquair en legt zich nu toe op
de heruitgaven van de creaties
van enkele bijzondere Belgische
designers als Jules Wabbes en
Christophe Gevers. Die laatste
is trouwens de auteur van deze
blauwe tuinmobiel. Caroline
schilderde de woonkamer in Yves
Klein-blauw en liet zich daarvoor
inspireren door een blauw rekje
van Gevers.

FR
Après avoir été successivement
ébéniste, restaurateur de meubles
anciens et antiquaire vintage,
Vincent Colet se consacre
désormais à la réédition des
créations de quelques designers
belges hors du commun, comme
Jules Wabbes et Christophe
Gevers, l'auteur de ce mobile
de jardin bleu. Caroline a peint
le séjour en bleu Yves Klein,
s'inspirant à cette fin d'une
étagère bleue de Gevers.

The Blue room

This interior is a tribute to industrial design and Bauhaus, which are palpable at every turn here. The numerous examples of tubular steel furniture and industrial lights divulge this sense of admiration. The large worktable and tubular steel chairs are a creation by Christophe Gevers. The two bronze wall lamps by Jules Wabbes, standing on the table, resemble sculptures. Vincent Colet headed off to Switzerland to track down Bauhaus design when he was decorating the place.

NL

Dit interieur is een ode aan het industriële design en de Bauhausstijl, die alom aanwezig zijn. De talrijke buismeubels en industriële lampen verraden die bewondering. De grote werktafel met buisstoelen zijn een creatio van Christophe Gevers. Op de tafel liggen twee bronzen wandlampen van Jules Wabbes, die net sculpturen zijn. Vincent Colet trok vroeger vooral naar Zwitserland om Bauhausdesign te vinden.

FR

Cet intérieur est une ode au design industriel et au style Bauhaus, qui est omniprésent. Les nombreux meubles en tubes et lampes industrielles témoignent de cette admiration. La grande table de travail entourée de chaises en tubes de métal est une création de Christophe Gevers. Sur la table sont posées deux lampes murales en bronze de Jules Wabbes, qui sont de véritables sculptures. À l'époque, Vincent Colet se rendait d'ailleurs souvent en Suisse, en quête de design Bauhaus.

NL Op een steenworp van de plek waar de befaamde Belgische designer Jules Wabbes woonde en Napoleon zijn laatste veldslag verloor, in Lasne, net naast Waterloo, stappen we binnen bij Vincent en Caroline Colet. Hij blaast de firma van de vermaarde Belgische designer nieuw leven in en springt daarnaast ook op een meditatieve manier om met kunst en vintage. Jules Wabbes zou zich zeker thuis hebben gevoeld in deze woning, die op een atelier lijkt en ooit een boerderij was. Bewoner Vincent Colet heeft wel meer gemeen met de vermaarde Belgische designer. Hij begon ook als ebenist en antiquair, maar ontwikkelde daarna een passie voor avant-gardedesign en kwam zo in Zwitserland terecht. 'De Zwitsers ontwikkelden heel wat industrieel design met een puur functionele Bauhaustoets', legt hij uit. Vincent is gefascineerd door industrieel design zoals de Triplex Lamp van de Zweedse uitvinder Johan Petter Johansson. De tuin van deze landelijke woning gaat naadloos over in de velden rondom. Het interieur is heel open, je valt er met de deur in huis. Vervolgens loop je door naar het grote kantoor met de tafel en stoelen van designer Christophe Gevers. Daarna keer je via de kobaltblauwe zitkamer terug naar de tuin. De Antwerps-Brusselse ontwerper Christophe Gevers brak in de jaren 1960 door toen ook de Franse kunstschilder Yves Klein furore maakte met zijn blauwe werken. 'Het uitgangspunt voor de blauwe kamer komt dan ook van een blauw wandrek van Gevers.' De blauwe kamer zorgt voor een bevreemdend effect en voert je meteen weer weg uit deze landelijke omgeving: een pakkend contrast.

FR À Lasne, près de Waterloo, à un jet de pierre de l'endroit où a vécu le designer belge Jules Wabbes et où Napoléon a perdu sa dernière bataille, nous entrons chez Vincent et Caroline Colet. Il insuffle une nouvelle vie à la firme du célèbre designer, tout en exploitant l'art et le vintage sur le mode méditatif. Jules Wabbes se serait sûrement senti chez lui dans cette maison qui ressemble à un atelier et qui était autrefois une ferme. Mais le maître des lieux, Vincent Colet, a d'autres points commun avec son brillant prédécesseur. Lui aussi a débuté comme ébéniste et antiquaire, avant d'éprouver, pour le design d'avant-garde, une passion qui l'a mené en Suisse. "Les Suisses ont développé un design industriel avec une touche Bauhaus purement fonctionnelle", explique-t-il. Vincent est fasciné par le design industriel, comme les lampes Triplex de l'inventeur suédois Johan Petter Johansson. Le jardin de cette demeure champêtre, que rien ne sépare des champs environnants, communique directement avec l'intérieur. Il suffit ensuite de traverser le grand bureau, avec la table et les sièges du designer Christophe Gevers, pour regagner le jardin en passant par le salon bleu cobalt. Le créateur bruxello-anversois Christophe Gevers a percé dans les années 1960, à une époque où les œuvres bleues de l'artiste plasticien français Yves Klein faisaient fureur. "Le point de départ du salon bleu est une étagère bleue de Gevers." Le salon bleu produit un effet déstabilisant, tant le contraste avec l'environnement champêtre est saisissant.

The Blue room

EN
The home looks less classical inside than the exterior would suggest. The kitchen and dining corner have a fairly industrial look, not least due to the stone vaults. The gorgeous telescopic wall lamps by Swedish inventor Johan Petter Johansson provide additional industrial highlights. The chairs around the dining table are by Swedish architect Erik Gunnar Asplund. The saddle chair is by Embru, a Swiss furniture-maker. A Modernist Italian cupboard along the wall dates back to the 1930s.

NL
De woning ziet er vanbuiten klassieker uit dan aan de binnenzijde. De keuken en eethoek ogen vrij industrieel, mee door de aanwezigheid van stenen gewelven. Ook de prachtige telescopische wandlampen van de Zweedse uitvinder Johan Petter Johansson zorgen voor een industrieel accent. Rond de eettafel staan stoelen van de Zweedse architect Erik Gunnar Asplund. Het zadelstoeltje is een uitgave van de Zwitserse meubelfabrikant Embru. Tegen de wand staat een Italiaanse modernistische voorraadkast uit de jaren 1930.

FR
La maison semble plus classique de l'extérieur que de l'intérieur. La cuisine et le coin à manger ont un aspect industriel, auquel contribuent les voûtes en pierre, ainsi que les belles lampes murales télescopiques de l'inventeur suédois Johan Petter Johansson. Les chaises autour de la table sont de l'architecte suédois Erik Gunnar Asplund. Le siège-selle est produit par le fabricant de meubles suisse Embru. Contre le mur se dresse un garde-manger moderniste italien des années 1930.

The Blue room

The Blue room

Holiday home

AT THE COAST

It's hard to imagine what this house used to look like, as Nathalie Deboel explains enthusiastically. She's an interior architect, so she has all the expertise required to transform a quiet, boring, 1970s fermette into something completely different. The result is quite surprising, since the house was originally dark and antiquated, divided into tiny, closed rooms that hardly provided any glimpses of the exterior. Now you can see all the way through to the other side. Nathalie opened the space up, opting for sliding doors that do not block lines of sight in any direction. She created open spaces with perspectives and connections. The dining room connects the sitting room to the open kitchen, which is partly tiled in black and almost looks more like a library. The brown beams have been painted white. Rough highlights here and there, such as the limestone

in the kitchen and the whitewashed walls, offer the home an air of rural nonchalance. Perfect for a holiday home where three generations cohabit. The wallpaper in the hallway generates jungle fever. The transitions from sleek, tidy spaces to more upholstered spaces has a calming effect. According to Nathalie, that effect is particularly important for a house that you spend time in during weekends or summer weeks.

Holiday home

It is hard to imagine now how grim and dark this residence was before Nathalie Deboel redesigned the interior. Built in the 1970s, the house was divided into small rooms with oak ceilings. Nathalie had all the beams painted white, removed several inner walls and opened up the home to create free lines of sight and movement, creating a dynamic circulation.

NL

Je kunt je nu nog moeilijk voorstellen hoe somber en duister deze woning was voor het interieur door ontwerpster Nathalie Deboel werd heringericht. Het huis werd in de jaren 1970 gebouwd en was opgedeeld in kleine kamers met een eikenhouten zoldering. Nathalie liet alle balken wit schilderen, sloopte enkele binnenwanden en trok de woning open zodat je er dwars doorheen kunt kijken en lopen. Wat meteen voor een dynamische circulatie zorgt.

FR

Difficile d'imaginer combien cette maison paraissait sombre et vieillotte avant d'être réaménagée par l'architecte d'intérieur Nathalie Deboel. Construite dans les années 1970, elle était divisée en petites pièces avec des plafonds de chêne. Nathalie a fait peindre toutes les poutres en blanc, abattu quelques murs intérieurs et ouvert l'espace de manière à ce qu'il puisse être traversé de part en part, du regard ou physiquement. Ce qui génère d'entrée de jeu une circulation dynamique.

NL 'Je kunt je niet voorstellen hoe dit huis er vroeger uitzag', vertelt een enthousiaste Nathalie Deboel. Ze beheerst als interieurarchitecte de knepen van het vak om een saaie en rustieke fermette uit de jaren 1970 een gedaanteverwisseling te laten ondergaan. Het resultaat is vrij verrassend, want de woning was duister en oubollig, met kleine afgesloten kamers die amper de buitenwereld in huis haalden. Nu kun je gewoon door deze woning heen kijken. Nathalie gooide de ruimte open, koos voor schuifdeuren die het doorzicht nergens belemmeren. Ze creëerde open ruimtes met perspectieven en verbanden. De eethoek verbindt de zitkamer met de open keuken, die quasi zwart is betegeld en bijna meer op een bibliotheek lijkt. De bruine balken werden wit gelakt. Hier en daar bezorgen ruwe accenten, bijvoorbeeld van het loiotcen in de keuken en de gelakte wanden, de woning wat landelijke nonchalance. Dat is ideaal voor een vakantiehuis waar drie generaties samenwonen. In de gang zorgt het behang voor wat *jungle fever*. Het afwisselen van strakke met meer gestoffeerde ruimtes werkt ontspannend. Ook dat is volgens Nathalie belangrijk voor een woning waar je tijdens het weekend of in de zomer verblijft.

FR Vous n'imaginez pas à quoi cette maison ressemblait autrefois, affirme Nathalie Deboel, pleine d'enthousiasme. Architecte d'intérieur, elle connaît les ficelles du métier : pour elle, rien de plus facile que de transformer radicalement une fermette rustique plutôt insipide, datant des années 1970. Le résultat est surprenant, car la maison était sombre et vieillotte, avec de petites pièces closes, d'où l'extérieur était à peine visible. Aujourd'hui, le regard la traverse de part en part. Nathalie a ouvert l'espace en grand, optant pour des portes coulissantes qui ne font nulle part barrage. Elle a changé les perspectives et créé des liens entre les pièces. Le coin repas relie le salon à la cuisine ouverte, à laquelle un carrelage presque noir donne un faux air de bibliothèque. Les poutres brunes ont été laquées de blanc. Çà et là, des accents plus primitifs, comme l'ardoise dans la cuisine et les murs chaulés, confèrent à l'habitation un soupçon de nonchalance rurale. L'idéal pour une seconde résidence où trois générations cohabitent. Grâce au papier peint, la fièvre de la jungle embrase le couloir. L'alternance de pièces sobres et d'autres plus encombrées produit un effet relaxant. Selon Nathalie, c'est essentiel pour une maison de week-end et de vacances.

Holiday home

89   Holiday home

EN
The kitchen is visible from the living room. The interior windows are made from iron and glass, naturally an artisanal production. They ensure transparency and allow light to circulate. Darker shades are present in the kitchen, however, with gorgeous mosaics on the walls and a dining table and work surface made from rough natural stone.

NL
Vanuit de woonruimte zie je de keuken. De ramen binnen zijn van ijzer en glas, uiteraard van artisanale makelij. Ze zorgen voor transparantie en lichtcirculatie. In de keuken zijn wel donkere tinten aanwezig met prachtig mozaïek op de muren en een eet- en werktafel van ruwe natuursteen.

FR
Depuis la pièce à vivre, on aperçoit la cuisine. Les fenêtres intérieures en métal et verre, manifestement de fabrication artisanale, assurent la transparence et la circulation de la lumière. Mais, dans la cuisine, les teintes foncées sont bel et bien présentes, avec une superbe mosaïque sur les murs et une table à manger et de travail en pierre brute.

Holiday home

Holiday home

EN
The rustic staircase has been supplanted by a sleek, modern structure, contrasted in turn by jungle fever wallpaper. Lots of graphic contrasts between white and black here. The lamp in the hallway is a 1950s design by Jules Wabbes.

NL
De rustieke trap maakte plaats voor een strakke structuur, die dan weer wordt gecounterd door een behang in junglefeverstijl. Ook hier weer vele grafische contrasten tussen wit en zwart. De lamp in de gang is een fiftiesontwerp van Jules Wabbes.

FR
L'escalier rustique fait place à une structure sobre, contrée à son tour par un papier peint dans le style fièvre de la jungle. L'ensemble est rythmé par de nombreux contrastes graphiques entre blanc et noir. La lampe dans le couloir est une création de Jules Wabbes, datant des années cinquante.

DESIGNED BY ARCHITECTS

In the meadows

In this house, the view overlooking the spacious polderland meadows has a calming effect. Hans Soete, the man who commissioned the house's construction, is a sports physician and a purveyor of antique design with a fascination for art and architecture. While he loves Scandinavian wooden cottages, he opted for a concrete construction here, poured into a shell of unpolished planks that make the structure look like it's made from wood. He called on architect Pieter-Jan Leenknecht for the basic structure, but he worked closely with interior architect Frederic Hooft on the interior. They designed an open interior, almost entirely without doors, with lots of windows that allow the landscape to roll inside. The central living space is completely open, with a hanging fireplace in the middle that provides a campfire feeling. Frederic also designed the kitchen, which has brass trim throughout. The sleeping areas have been envisioned as suites and were decorated by Frederic Hooft and Bea Mombaers. Much of the furniture has come from the collection that Hans assembled himself. His fascination with architecture and design started in his parents' modernist home; they were art collectors too. Hans prefers fairly sleek, subtle artworks. In his own home, visitors can admire tree branch sculptures by Jean-Georges Massart and monochromatic pigment paintings by Marc Angeli, both artists from the French-speaking region of Belgium. They lend an additional meditative note to this home amidst the polderland meadows.

In the meadows

In the meadows

EN
Hans and Lizbeth Soete are fascinated by the clean lines of Bauhaus design and admire Constructivist architecture. They enjoy finding unusual furniture, like the wooden chairs by Pierre Charo in the kitchen. The building's geometric structure is reflected in the garden pond. The modern house fits perfectly in the polder landscape.

NL
Hans en Lizbeth Soete zijn gefascineerd door de zuivere lijn van de Bauhausstijl en hebben een bewondering voor constructivistisch design van architecten. Ze zoeken graag naar ongewone meubels, zoals de houten stoeltjes van Pierre Charo in de keuken. De geometrische structuur van het gebouw wordt weerspiegeld in de tuinvijver. Het strakke huis past perfect in het polderlandschap.

FR
Hans et Lizbeth Soete sont fascinés par les lignes pures du style Bauhaus et admirent le design architectural constructiviste. Ils apprécient les meubles insolites, comme les chaises en bois de Pierre Charo dans la cuisine. La structure géométrique du bâtiment se reflète dans l'étang du jardin. Par sa sobriété, cette maison est en parfaite harmonie avec le paysage des polders.

NL
In deze woning brengt het uitzicht op het strakke polderlandschap je tot rust. Bouwheer Hans Soete is naast sportarts ook designantiquair met een fascinatie voor kunst en architectuur. Hij is tuk op Scandinavische landhuizen van hout, maar koos hier voor een betonnen constructie gegoten in ruwe planken. Daarom lijkt het pand van hout. Voor de basisstructuur deed hij een beroep op architect Pieter-Jan Leenknecht, maar voor het interieur werkte hij nauw samen met interieurarchitect Frederic Hooft. Ze ontwierpen een open interieur, quasi zonder deuren, met veel ramen die het landschap laten binnenrollen. De centrale leefruimte is helemaal open, met middenin een hangende haard die voor een kampvuurgevoel zorgt. Frederic ontwierp ook de keuken, die helemaal afgewerkt werd met messing. De slaapruimtes zijn opgevat als suites en werden ingericht door Frederic Hooft en Bea Mombaers. Maar heel wat meubels komen uit de collectie van Hans zelf. Zijn fascinatie voor architectuur en design begon in de moderne woning van zijn ouders, die ook kunst verzamelen. Hans houdt zelf van vrij strakke en subtiele kunst. In zijn huis bewonder je bijvoorbeeld de taksculpturen van Jean-Georges Massart en de pigmentschilderijen van Marc Angeli, twee Waalse kunstenaars. Ze schenken deze polderwoning een extra meditatieve rust.

FR
Dans cette habitation, la vue sur le paysage austère des polders a un effet apaisant. Hans Soete, le maître de l'ouvrage, n'est pas seulement médecin du sport, mais aussi antiquaire du design, fasciné par l'art et l'architecture. Bien qu'il raffole des maisons scandinaves en bois, il a opté ici pour du béton coulé dans des planches de bois brut, de sorte que l'ensemble paraît construit en bois. Pour la structure de base, il a fait appel à l'architecte Pieter-Jan Leenknecht, mais, pour l'intérieur, il a travaillé en étroite collaboration avec l'architecte d'intérieur Frederic Hooft. Ensemble, ils ont conçu un intérieur ouvert, quasi dépourvu de portes, avec de nombreuses fenêtres par lesquelles le paysage s'infiltre dans la maison. L'espace de vie central, entièrement ouvert, est organisé autour d'un foyer suspendu, qui crée une impression de feu de camp. La cuisine à finition laiton est également à mettre à l'actif de Frederic. Les chambres sont autant de suites, aménagées par Frederic Hooft et Bea Mombaers, même si beaucoup de meubles proviennent de la collection de Hans lui-même. Sa passion pour l'architecture et le design a débuté dans la maison moderne de ses parents, eux aussi collectionneurs d'art. Hans apprécie un art plutôt sobre et subtil, comme les sculptures branches de Jean-Georges Massart et les peintures pigments de Marc Angeli, deux artistes wallons, qui confèrent à cette maison de polder une sérénité méditative.

EN
The central space is a living room island around the suspended fireplace, with fine artworks by Jean-Georges Massart on the wall. The chairs are by Eames and Kjaerholm, while the sofa is by De Sede. An armchair by Maarten Van Severen stands beside the Castiglioni lamp. The interior and exterior are part and parcel with the landscape's soft palette of colours of early spring.

NL
De centrale kamer is een wooneiland rond de hangende haard, met aan de muur frêle kunstwerken van Jean-Georges Massart. De zitjes zijn van Eames en Kjærholm en de zetel van de Sede. Naast de lamp van Castiglioni staat een armchair van Maarten Van Severen. In het prille voorjaar gaan het interieur en het exterieur helemaal op in het zachte kleurenpalet van het landschap.

FR
La pièce centrale est un îlot à vivre autour du foyer suspendu, avec au mur de frêles œuvres d'art de Jean-Georges Massart. Les fauteuils sont d'Eames et Kjaerholm et le canapé de De Sede. La lampe de Castiglioni voisine avec un fauteuil à bras de Maarten Van Severen. L'intérieur et l'extérieur se fondent dans la palette de couleurs douces du paysage printanier.

In the meadows

EN
Interior architect Frederic Hooft designed the kitchen, opting for brass cladding that modernises the sleek shapes. The combination of rough and smooth materials and lines bestows an artistic character on this home. The house feels like a shelter in the flat polderlands, especially in winter: a craggy concrete overhang protecting its occupants.

NL
Interieurarchitect Frederic Hooft ontwierp de keuken en koos voor een bekleding van messing die de strakke vormen actualiseert. De combinatie van ruwe en gladde materialen en lijnen schenkt deze woning haar artistieke karakter. Het huis in de vlakke polder voelt vooral in de winter aan als een shelter, een overhangende rots van beton, die bescherming biedt.

FR
L'architecte d'intérieur Frédéric Hooft, concepteur de la cuisine, a opté pour un revêtement en laiton, qui actualise les formes épurées. Le bâtiment doit son caractère artistique à la combinaison du brut et du lisse. L'hiver en tout cas, cette maison au milieu des polders doit apparaître comme un refuge, un abri-sous-roche en béton, protégeant des éléments déchaînés.

In the meadows

Seaside house LOW COUNTRIES

Many centuries ago, this part of the southern Low Countries was much closer to the shore; the meandering dike on which the house stands was presumably built sometime in the Late Middle Ages. The landscape hardly looked any different back then, although the low-lying polderland would have consisted more of mud flats and tidal marshes. This house is less ancient, only dating back about 150 years, but it closely resembles the homes on the dikes that once stood here. Similar in shape to tents, their brick walls are made from local clay fired on the spot, topped by a simple gabled roof. It is protected from the north wind but more open to the south, facing the sun and the light. Sofie and Kim revel in their view of the vast landscape before them. When the wind blows through the grain fields, it's as though they were floating on the ocean waves. Interior

architect Kim Verbiest travels extensively and loves older homes and the peace and quiet of the countryside. This house in the polder was a dream come true for their holiday home away from home. The old building was in deep disrepair when they bought it. It has been completely updated in a simple, rural, refined style. Check out the details in the lighting and the choice of furniture. The two doors hanging on the wall came from a fisherman's cottage in the Moroccan port city of Essaouira. Note the use of colours, too: largely very traditional, with a modern note here and there. The omnipresent wooden boards add an extra sense of warmth, security and rural charm.

Seaside house

Vele eeuwen terug lag deze plek in Zuid-Nederland nog bijna op het strand, want de kronkelende dijk waarop dit huis staat werd vermoedelijk in de late middeleeuwen aangelegd. Echt anders zag het landschap er amper uit, de lage polders waren toen meer slikken en schorren. Dit huis is minder oud, zo'n anderhalve eeuw, maar lijkt nog op de dijkhuizen die daar veel vroeger stonden. Het zijn een soort tenten, met wanden van baksteen, van ter plaatse gebakken klei, en daarop een simpel zadeldak. Het is beschut tegen de noorderwind en opent zich wat meer aan de zuidkant, naar de zon en het licht toe. Daar genieten Sofie en Kim van het immense landschap. Als de wind door het koren waait, is het alsof ze op zee dobberen. Interieurarchitecte Kim Verbiest reist veel en is tuk op oude huizen en rust. Dit pandje in de polder is dus voor hen een gedroomd vakantiehuis. Het oude pand zag er lang zo mooi niet uit. Het werd onlangs grondig opgefrist, op een eenvoudige, landelijke, maar geraffineerde wijze. Kijk maar naar de details van de verlichting en de uitgezochte meubels. Aan de wand hangen twee deuren uit een vissershuis afkomstig uit het Marokkaanse Essaouira. Let ook op de kleuren, die deels heel traditioneel zijn met hier en daar een modern accent. De alomtegenwoordige houten planken zorgen voor extra geborgenheid en landelijkheid.

EN
A dike house offers an entirely different experience of the polders. This house in the south of the Netherlands is just over a century old. These homes sheltered shepherds from the brisk North Sea winds, which is why the house is tucked away behind the dike. The compact little structure was ingeniously renovated with wooden walls and floors. The living room and the kitchen are a single entity. A Georgian carpet covers the floor, while the doors on the wall come from Essaouira. The guillotine windows offer a clear view of the garden and the expansive landscape on every side.

NL

In een dijkhuis ervaar je de polders op een volkomen andere manier. Dit huis in Zuid-Nederland is iets meer dan een eeuw oud. In dit soort woningen trotseerden schaapherders de Noordzeewind. Daarom ligt het huis achter de dijk. Het compacte pandje werd vindingrijk opgefrist met houten wanden en vloeren. Woonkamer en keuken vormen één geheel. Op de vloer ligt een Georgisch tapijt en de deuren aan de muur komen uit Essaouira. Vanuit de guillotineramen heb je aan alle kanten een zicht op de tuin en het wijde landschap.

FR

Dans une maison de digue, le contact avec les polders est exceptionnel. Celle-ci, située dans le Sud des Pays-Bas, date d'un peu plus d'un siècle. Autrefois, les bergers s'y abritaient pour échapper au vent de la Mer du Nord. C'est pourquoi elle a été construite derrière la digue. Ce bâtiment compact a été ingénieusement rénové avec des parois et des sols en bois. Le séjour et la cuisine forment un tout. Un tapis géorgien réchauffe la pièce et les portes accrochées au mur proviennent d'Essaouira. Les fenêtres à guillotine offrent une vue imprenable sur le jardin et la vastitude du paysage.

FR   Il y a de nombreux siècles, cet endroit dans le Sud des Pays-Bas se trouvait encore pratiquement à front de mer, car la digue sinueuse sur laquelle se dresse la maison remonte probablement à la fin du Moyen Âge. À l'époque, l'aspect du paysage devait être très différent, les polders ayant depuis lors remplacé vasières et marais salants. Le bâtiment, qui date d'un siècle et demi environ, ressemble encore aux anciennes maisons de digue. Ses murs sont faits de briques fabriquées avec de l'argile cuite sur place et il est surmonté d'un simple toit en bâtière. Protégé contre le vent du nord, il est ouvert, au sud, vers le soleil et la lumière. Sofie et Kim y jouissent de l'immensité du paysage. Lorsque le vent souffle sur les blés, c'est comme si la maison flottait sur la mer. Architecte d'intérieur, Kim Verbiest voyage beaucoup, et elle adore le calme et les vieilles maisons. Pour les deux femmes, cette maison au cœur du polder est donc un lieu de vacances idéal. Anciennement, elle était loin d'avoir aussi belle apparence. Elle a récemment bénéficié d'une rénovation simple et rurale, mais raffinée, dont témoignent les détails de l'éclairage et les meubles soigneusement sélectionnés. Au mur sont accrochées deux portes d'une maison de pêcheur, provenant d'Essaouira, au Maroc. Les couleurs sont surtout traditionnelles, avec çà et là un accent moderne. Le bois, omniprésent, assure un supplément de chaleur et de rusticité.

Seaside house

EN
Interior architect Kim Verbiest has designed many different homes. She loves giving old buildings a new lease on life without major renovations. Her main focus here was on the lines of sight. She deliberately opted to keep the windows small, intensifying the protective feeling of the holiday home. The wooden boards add a warm feeling, and nearly all the furniture is vintage.

NL
Interieurarchitecte Kim Verbiest heeft al heel wat woningen ingericht. Ze houdt ervan om oude panden een nieuw leven te schenken zonder ze zwaar te verbouwen. Hier ging haar aandacht vooral naar de doorzichten. Ze koos er ook bewust voor om de vensters klein te laten, precies om het beschermende gevoel van de vakantiewoning te versterken. De houten planken zorgen voor een warm gevoel en bijna al het meubilair is vintage.

FR
L'architecte d'intérieur Kim Verbiest a de nombreuses maisons à son actif. Elle aime offrir une nouvelle vie aux vieux bâtiments sans les transformer du tout au tout. Ici, son attention s'est surtout portée sur la vue. Elle s'est délibérément gardée d'agrandir les fenêtres, afin de renforcer l'impression protectrice produite par cette maison de vacances. Le bois transmet sa chaleur à l'intérieur et presque tout le mobilier est vintage.

The oil mill INDUSTRIAL

Being obsessed with the history of your forefathers provides a lot of fun for Miguel Algoet. He grew up in and around the former oil mill in the picturesque village of Machelen-aan-de-Leie, in the region where painters of the Latem School created their Impressionist and Expressionist tableaux, and where painter Roger Raveel lived and worked. The oil mill was founded in 1883 by a distant ancestor and remained in the family, but was thoroughly renovated at some point. Miguel removed all the post-war additions, stripping the building down to the original 19th-century building and improving from that point. He lives there himself these days, and his studio is there as well. He organizes art shows, has an active antiquarian business, and builds artisanal lighting. He has been collecting old switches and fittings since childhood, using them to build new lamps. He sees nostalgia not just as a tangible element, but also as a source of creativity. In building his home inside the factory and designing the interior, he reused every unbroken board and brick. That eco-friendly approach makes him feel good. It endlessly fascinates him to turn back the clock every now and then. He sees that is the essence of rural living.

The oil mill

NL Bezeten zijn van de geschiedenis van je voorvaderen vindt Miguel Algoet best leuk. Hij groeide op in en rond de voormalige olieslagerij in het pittoreske dorp Machelen-aan-de-Leie, in de streek waar de schilders van de Latemse School hun impressionistische en expressionistische tableaus borstelden en waar ook kunstschilder Roger Raveel woonde en werkte. De olieslagerij werd in 1883 opgericht door een verre voorvader en bleef in familiebezit, maar werd ooit grondig verbouwd. Miguel brak alle naoorlogse aanvullingen af om het originele negentiende-eeuwse gebouw te kunnen opkalefateren. Nu woont hij er en heeft er ook zijn atelier. Hij organiseert kunsttentoonstellingen, is actief als antiquair en bouwt artisanale verlichting. Want hij verzamelt al sinds zijn kinderjaren oude schakelaars en fittings waarmee hij nieuwe lampen bouwt. Voor hem is nostalgie niet alleen iets tastbaars, maar ook een bron van creativiteit. Om zijn woning in de fabriek op te bouwen en in te richten hergebruikte hij elke bruikbare plank en baksteen. Die ecologische aanpak geeft hem een goed gevoel. Hij vindt het uitermate boeiend om nu en dan de knop terug te draaien. Voor hem is dat de essentie van 'landelijkheid'.

EN
Miguel Algoet not only has a passion for the past, he also loves bringing it back to life. This exceptional, unusual building, once an industrial mill, was built by his forefathers. He saved this piece of industrial architecture history from demolition by transforming it into a residence. All the materials were re-used, right down to the simplest boards. If something could not be incorporated into the structure, it was turned into furniture. Miguel lives in the huge space that once housed a steam engine.

NL
Miguel Algoet heeft niet alleen een passie voor het verleden, hij wekt het ook opnieuw tot leven. Dit bijzondere en ongewone pand, ooit een industriële molen, werd door zijn voorvaderen gebouwd. Hij redde dit stuk industriële architectuur van de sloop door er een woning van te maken. Alle materialen, tot de eenvoudigste plank, werden hergebruikt. Er werd desnoods meubilair van gemaakt. Miguel bewoont de grote ruimte waar ooit een stoommachine stond.

FR
Le passé, Miguel Algoet ne se contente pas de l'aimer: il lui rend la vie. Ce bâtiment exceptionnel, ancienne huilerie industrielle, a été construit par ses ancêtres. Il l'a sauvé de la démolition en le transformant en habitation. Tous les matériaux, jusqu'à la moindre planche, ont été réutilisés, éventuellement pour fabriquer des meubles. Miguel habite le vaste espace autrefois occupé par une machine à vapeur.

FR   Miguel Algoet est littéralement envoûté par l'histoire de ses ancêtres. Il a grandi dans leur ancienne huilerie, au cœur du village pittoresque de Machelen-sur-la-Lys, dans la région où les peintres de l'École de Laethem ont produit leurs œuvres impressionnistes et expressionnistes et où l'artiste Roger Raveel a vécu et travaillé. L'huilerie, fondée en 1883 par un lointain ancêtre, est toujours propriété de la famille, mais elle a bénéficié d'une rénovation approfondie. Miguel a supprimé toutes les modifications d'après-guerre pour rétablir le bâtiment original du dix-neuvième siècle dans son intégralité. Aujourd'hui, il y a son habitation et son atelier. Il organise des expositions, poursuit une activité d'antiquaire et crée des lampes artisanales. Depuis son enfance, en effet, il collectionne les commutateurs et armatures de lampes anciennes, qu'il emploie désormais pour fabriquer de nouveaux luminaires. Pour lui, la nostalgie n'est pas seulement palpable : elle est source de créativité. Pour construire et aménager son logement dans la fabrique, il a réutilisé la quasi-totalité des planches et briques disponibles, approche écologique qui le remplit de satisfaction. À l'occasion, il adore remonter le temps. À ses yeux, c'est l'essence même de la 'ruralité'.

Industrial spaces are visually fascinating, thanks to their unusual floor plan and exceptional lines of sight. There is a story behind every object in this house, right down to the antique pedal-powered car that brought joy to many generations. Miguel refurbishes electric lamps using and sells them in his "Forgotten Lighting" collection.

Industriële ruimtes zijn visueel heel boeiend door hun ongewone grondplan en bijzondere doorzichten. Aan elk object in dit huis hangt een verhaal vast, tot en met de antieke trapauto waaraan vele generaties plezier hebben beleefd. Miguel bouwt met gerecupereerde elementen elektrische lampen die hij via zijn collectie 'Vergeten Verlichting' op de markt brengt.

Par leur plan au sol inusité et leurs échappées originales, les bâtiments industriels sont visuellement fascinants. Dans cette maison, chaque objet à une histoire, jusqu'à l'antique auto à pédales qui a donné du plaisir à plusieurs générations successives. Miguel fabrique avec des éléments de récupération des lampes électriques qu'il commercialise par le biais de sa collection "Éclairage d'antan".

The oil mill

Fresco NATURE RESERVE

Pieter Vandenhout has given his country home a new sheath of poplar wood on the inside. Poplar is a light-coloured wood, once ubiquitous and now almost forgotten. Its grain is beautifully patterned, however, and it's such a soft wood that it ages very delicately, as he explains. As it is used over the years, it takes on a soul of its own. In his work as an architect, Pieter has renovated many different historic buildings. He is intimately familiar with every aspect of the business and knows where to depart from tradition and give modern design a chance. This remote country home in a nature reserve near Brussels dates back to 1927. The three front façades have been restored to their original style, but the northern façade received a contemporary overhaul, with low windows that allow you to admire the full scope of the landscape from the comfort of your own armchair. Pieter opened the interior to let the green expanses in on every side. He plastered the walls and had frescos painted on them before they were dry, to give them a more natural patina. In this extraordinary location, he and his wife Ragni and their children enjoy complete peace and quiet. Besides designer furnishings here and there, several antique pieces of furniture and art draw the eye. There are no extraneous details. The doors and windows have no frames or lintels, and there are no baseboards visible anywhere. It is sophisticated simplicity. Beside the house stands a Modernist garden pavilion where Pieter works. It also offers a window onto the rolling landscape outside, where only nature dictates the passing of time.

Fresco

Pieter Vandenhout schonk zijn landhuis aan de binnenzijde een nieuwe huid van populierenhout. Dat is het lichte hout dat vroeger iedereen gebruikte en dat nu zowat vergeten is. 'Maar het is prachtig van tekening en doordat het zo zacht is, veroudert het op een delicate wijze', vertelt hij. Door het gebruik krijgt het een ziel. Pieter heeft als architect al heel wat historische panden gerenoveerd. Hij kent de knepen van het vak en weet waar je de traditie los moet laten en de moderniteit een kans geeft. Dit afgelegen landhuis, in een natuurgebied nabij Brussel, stamt uit 1927. De drie voorgevels werden in de oude stijl hersteld, maar de noordgevel kreeg een hedendaags uitzicht met lage vensters die je toelaten om vanuit de zetel het hele landschap te bewonderen. Pieter opende het interieur om het groen overal binnen te halen. Hij bezette de muren met kalk en liet ze nog voor ze uitgedroogd waren al fresco beschilderen om er een natuurlijk patina aan te geven. Op deze bijzondere plek geniet hij samen met zijn vrouw Ragni en hun kinderen van de volmaakte rust. Naast wat designmeubilair merk je ook wat antieke meubels en kunstwerken op. Nergens staat er iets te veel. Rond vensters noch deuren zitten omlijstingen en nergens merk je plinten op. Dat wijst op verfijnde eenvoud. Naast het huis ontdek je een modernistisch tuinpaviljoen waar Pieter werkt. Ook dit is een venster op het glooiende landschap, waarin enkel de natuur de tijd laat vlieden.

EN
This rural residence is almost impossible to find, situated far from the nearest town in a nature reserve. The building was erected in 1927 in an unpretentious country style. Designer Pieter Vandenhout deliberately retained that spirit by renovating it with an eye for simplicity and modern design. Obviously, the interior spaces were opened up for a greater enjoyment of the landscape and to incorporate the dining, cooking and living areas. The kitchen is the beating heart of the home and was built with wood recovered from the surrounding forest.

NL
Dit landhuis is quasi onvindbaar, want het ligt ver van de bewoonde wereld in een natuurgebied. Het pand werd in 1927 opgetrokken in een pretentieloze landelijke stijl. Die geest heeft ontwerper Pieter Vandenhout bewust bewaard door het met zin voor eenvoud en strakheid te renoveren. De binnenruimtes werden opengemaakt om meer te kunnen genieten van het landschap en om de eet-, kook- en leefruimte bij elkaar te betrekken. De keuken is het kloppende hart en werd gebouwd met ter plaatse gerecupereerd hout.

FR
Située en pleine nature, loin du monde habité, cette propriété est quasi introuvable. Le bâtiment a été édifié en 1927, dans un style rural sans prétention. Un esprit que l'architecte Pieter Vandenhout a tenu à préserver en optant pour une rénovation simple et sobre. Il a évidemment ouvert les espaces intérieurs pour mieux profiter du paysage et rapprocher les coins à manger, à cuisiner et à vivre. La cuisine, cœur battant de la maison, a été réalisée avec du bois récupéré sur place.

FR Intérieurement, Pieter Vandenhout a offert à sa maison une nouvelle peau en bois de peuplier. Ce bois léger, autrefois très apprécié, est tombé en désuétude. Mais il a de superbes veinures, et il est si tendre qu'il vieillit avec beaucoup de délicatesse, assure Pieter. L'usage lui confère une âme. Architecte chevronné, Pieter a déjà rénové de nombreux bâtiments historiques. Il sait quand s'écarter de la tradition pour donner une chance à la modernité. Cette propriété isolée, dans une zone naturelle proche de Bruxelles, date de 1927. Trois des façades ont été rénovées en style ancien, mais la façade nord présente un aspect contemporain, avec des fenêtres basses qui permettent d'admirer le paysage tout en restant assis. Pieter a ouvert l'intérieur pour laisser entrer la nature. Il a chaulé les murs et, avant qu'ils ne soient secs, il les a fait peindre à fresque pour les doter d'une patine naturelle. Avec son épouse Ragni et leurs enfants, il jouit ici d'un calme absolu. Le mobilier design voisine avec des œuvres d'art et des meubles anciens. L'essentiel est là, le superflu est absent. L'architecte ayant opté pour une simplicité raffinée, les portes et les fenêtres n'ont pas d'encadrement, et les plinthes sont inexistantes. À côté de la maison, nous découvrons le pavillon de jardin moderniste où Pieter travaille. Là aussi, les fenêtres sont largement ouvertes sur le paysage en pente douce où le temps passe au seul rythme de la nature.

EN
The building stands on a fold
of land in the heart of a nature
reserve a stone's throw from
Brussels. It enjoys perfect peace
and quiet due to its isolation
from the hectic city. Standing
beside the big house, the garden
house (next page) in a more
Modernist style is where Pieter
has his design studio. He opted
for bare walls and a bit of design
by architects. The painting on the
wall is by Jean Dubois, a Belgian
painter.

NL
Het pand ligt op een glooiing
midden in een natuurgebied
op een steenworp van Brussel.
Hier kom je helemaal tot rust
door de afstand tot de drukke
stad. Naast het grote huis staat
een tuinhuis (volgende pagina)
in een meer modernistische
stijl, waarin Pieter zijn
ontwerpatelier heeft. Hij koos
er voor kale wanden en wat
design van architecten. Het
schilderij aan de wand is van
de Belgische kunstschilder
Jean Dubois.

FR
Le bâtiment se dresse sur
une hauteur, dans une zone
naturelle proche de Bruxelles.
Isolé de l'agitation de la ville,
il distille la tranquillité. La
maison principale va de pair
avec un pavillon de jardin
(page suivante) dans un
style plus moderniste, où
Pieter a installé son atelier,
combinant murs nus et design
architectural. Le tableau est
du peintre belge Jean Dubois.

Above all, Pieter Vandenhout believes that a rural interior should exude a sense of simplicity. In line with that belief, he chose simple wooden doors without frames, whitewashed walls with a subtle patina, and wide floorboards. Thanks to this simplicity, even the bathroom breathes the peace of a meditation retreat.

Voor Pieter Vandenhout straalt een landelijk interieur in de eerste plaats eenvoud uit. Daarom koos hij voor simpele houten deuren zonder omlijstingen, gekalkte wanden met een subtiel patina en plankenvloeren. Door de eenvoud ademt zelfs de badkamer de rust uit van een meditatieruimte.

Pour Pieter Vandenhout, un intérieur rural est indissociable de la simplicité. C'est pourquoi il a choisi de simples portes en bois sans encadrement, des murs chaulés à la patine subtile et des planchers. Même la salle de bains est si simple qu'elle évoque la zénitude d'un espace de méditation.

Fresco

Fresco

EN
The people who live here love simple decorations without any overdone notes, and furniture that has a sculptural quality, like this beautiful armchair created by French designer Pierre Paulin in 1963. This vintage armchair has the sheen of loving use. Note how the windows slice the landscape into pieces.

NL
De bewoners houden van eenvoudige decoratie die nergens overladen is en van meubels met een sculpturale kwaliteit, zoals deze prachtige fauteuil die de Franse ontwerper Pierre Paulin in 1963 creëerde. Het is een vintagemeubel met een doorleefd patina. Let ook op de manier waarop de ramen stukken uit het landschap snijden.

FR
Les habitants privilégient une décoration simple, sans surcharge, et des meubles d'une qualité sculpturale, comme ce superbe fauteuil conçu par le Français Pierre Paulin en 1963. Ce meuble vintage à la patine prononcée est placé devant les fenêtres, qui découpent le paysage en morceaux.

Studiolo

UNUSUAL EXPERIENCE

In the garden of artist William Ploegaert, a small old barn between the trees offers a sanctuary far from the outside world. The small structure was rundown for a long time, but was recently restored with a gentle touch; it almost seems as though it had always been renovated so beautifully. Now it's his studiolo, where he paints and meditates. Without the exceptional intervention by architect Bart Lens, this humble abode would never have looked as lovely on the inside. Bart had a volume constructed inside based on an octagonal floor plan: a double circle crowned by two domes that let light in through old glass roof tiles. The barn itself was left untouched; the old beams can still be seen intersecting the studiolo. The indirect light that floats in from all sides and those domed shapes, which resemble an ample bosom, create an unusual experience. It offers an ideal room for meditation. For William, it also serves as a studio and library. He loves old books, and Bart Lens recommended he should have a referee's chair built so he could gaze out of the dome occasionally. Furniture designer Joris Van der Borght designed a library bookcase that doubles as a referee's chair. Everything here is different than elsewhere. An old-fashioned vegetable garden behind the barn is just like the tableaus painted by the artists of the Latemse School, who set up their easels near here.

Studiolo

Studiolo

EN

Bart Lens, ingenious architect, gave this dilapidated stable a new lease on life by creating an oval interior space that serves as the meditation studio for painter William Ploegaert. A domed skylight and the library chair by Joris Van der Borght allow the artist to enjoy the old attic as well.

NL

De vindingrijke architect Bart Lens blies deze vervallen stal nieuw leven in met een ovale binnenruimte die dienstdoet als meditatieatelier voor kunstschilder William Ploegaert. Via een lichtkoepel en door middel van de bibliotheekstoel van Joris Van der Borght kan de kunstenaar ook van de oude zolder genieten.

FR

L'ingénieux architecte Bart Lens a donné une nouvelle vie à cette étable délabrée en créant un espace intérieur ovale, qui sert d'atelier et de salle de méditation au peintre William Ploegaert. Grâce à une coupole qui laisse passer la lumière et à la chaise-bibliothèque de Joris Van der Borght, l'artiste peut aussi profiter de l'ancien grenier.

NL In de tuin van beeldend kunstenaar William Ploegaert staat een kleine, oude schuur tussen de bomen, op een plekje ver weg van de buitenwereld. Het bouwwerkje stond er lange tijd vervallen bij, maar werd onlangs met zodanig zachte hand hersteld dat je amper de indruk krijgt dat het werd opgekalefaterd. Nu is het zijn studiolo, de plek waar hij schildert en mediteert. Zonder de bijzondere tussenkomst van architect Bart Lens zou deze stolp er vanbinnen nooit zo hebben uitgezien als nu. Bart liet er een volume in bouwen op een achtvormig grondplan, dus een dubbele cirkel bekroond door twee koepels die wat licht binnenlaten via oude glazen dakpannen. Aan de schuur zelf werd niet geraakt. In de studiolo zie je trouwens de oude balken passeren. Het indirecte licht dat overal binnen dwarrelt en die ronde vormen – toch een beetje zoals een boezem – zorgen voor een aparte ervaring. Dit is een ideale meditatieruimte. Voor William is het ook een atelier en bibliotheekruimte. Hij is immers tuk op oude boeken en liet op aanraden van Bart Lens een scheidsrechtersstoel bouwen, zodat hij nu en dan door de koepel naar buiten kan kijken. Meubelontwerper Joris Van der Borght ontwierp een bibliotheekkast die tegelijk een scheidsrechterszit is. Zo is alles hier heel bijzonder. Achter deze schuur ligt een ouderwetse moestuin zoals je die kunt bewonderen op de tableaus van de schilders van de Latemse School, die hier vlakbij borstelden.

FR Dans le jardin de l'artiste William Ploegaert, un vieil appentis se tapit sous les arbres, à l'abri du monde extérieur. Depuis longtemps délabré, ce petit bâtiment a été récemment restauré en douceur, de sorte qu'extérieurement, il donne l'impression d'avoir été retapé tant bien que mal. William en a fait son studiolo, l'endroit où il peint et médite. Mais, sans l'intervention exceptionnelle de l'architecte Bart Lens, ce cocon n'aurait jamais présenté, intérieurement, l'aspect qu'il a aujourd'hui. Bart y a fait construire un volume sur un plan au sol en forme de huit, donc un double arrondi surmonté de deux coupoles qui laissent pénétrer la lumière passant par les vieilles tuiles en verre. La charpente elle-même n'a pas été modifiée, et des poutres anciennes traversent le plafond. La lumière indirecte qui virevolte dans le studiolo et les deux coupoles galbées comme des seins suscitent une expérience originale. Pour William, cet espace de méditation idéal est aussi un atelier et une bibliothèque. Passionné de livres anciens, il s'est doté, sur les conseils de Bart Lens, d'une chaise d'arbitre qui lui permet de jeter de temps en temps un coup d'œil par la coupole. Une chaise que le créateur de meubles Joris Van der Borght a combinée avec une bibliothèque. Ici, tout est donc différent. Et derrière l'appentis s'étend un potager à l'ancienne, comme dans les tableaux des artistes de l'École de Laethem, qui peignaient à proximité.

Studiolo

Bungalow FIFTIES STYLE

This white house is tucked away behind the tall trees of a forest and can only be reached by a steep forest road. When it was designed in 1958 as a bungalow by architect Roger De Winter, one of the many modern architects in Brussels, it wasn't even all that exceptional, since modern architecture was fairly popular at the time. In the 1958 World Fair, the city was gripped by a drive to pursue modern design; many people dreamt of simple, transparent homes with concrete beams, huge windows, and walls of white-painted brick. The tall trees make this spot resemble the Brazilian jungle. Unsurprising, since back then everyone was raving about the new capital city, Brasilia. In the meantime, the surrounding trees and shrubs have grown much larger. This damp, humid area has its own microclimate, creating a tropical experience on summer days. Interior architect Martine Pestiaux weighed anchor here with her family. She was one of the first to put 1950s design on the map in Brussels. Martine started collecting Expo souvenirs back in her student days. For her, this was an oasis of calm close to the heart of Brussels. The transparent architecture invites the forest to come right into the home. The squirrels scamper across the terrace, which becomes an extra living room in summer.

Bungalow

Bungalow

The interior was very advanced for the time, with an open-plan and an elevated seating area offering a better view of the garden. A large fireplace constructed from rough blocks of natural stone suits it perfectly. The openness was the architect's way of making the home feel like a holiday cottage.

NL
Het interieur was behoorlijk vooruitstrevend voor zijn tijd, met een open plan en een verhoogde zithoek die extra zicht biedt op de tuin. Daarbij past een schouwlichaam van ruwe natuurstenen blokken. Met die openheid trachtte de architect het huis de sfeer van een vakantiewoning te geven.

FR
Cet intérieur était plutôt en pointe pour son époque, avec un plan ouvert et un coin salon surélevé donnant sur le jardin, auxquels s'ajoute un corps de cheminée en pierres brutes. En misant sur l'ouverture, l'architecte a tenté de créer l'ambiance d'une maison de vacances.

NL Dit witte huis ligt volledig verscholen achter de hoge bomen van een bos en is slechts via een steile bosweg bereikbaar. Toen het in 1958 als een bungalow werd ontworpen door architect Roger De Winter, een van de talrijke moderne bouwmeesters uit het Brusselse, was het zelfs geen uitzonderlijke woning, omdat de moderne stijl vrij populair was. Met de Wereldtentoonstelling van 1958 zat de stad in een hedendaagse drive. Veel mensen droomden dan ook van dit soort eenvoudige, transparante woningen met betonnen balken, grote glaspartijen en muren van wit geschilderde baksteen. Door de hoge bomen lijkt dit plekje zelfs wat op het Braziliaanse oerwoud. Wat niet zo verwonderlijk is, want toen had iedereen het al over de nieuwe hoofdstad Brasilia. Sindsdien werden de bomen en struiken hier nog veel groter. In deze vochtige streek met een microklimaat beleef je op zomerdagen een tropische ervaring. Interieurarchitecte Martine Pestiaux wierp hier samen met haar gezin het anker uit. In Brussel was zij een van de eersten die fiftiesdesign op de kaart zette. Martine begon al in haar studententijd Exposouvenirs te verzamelen. Voor haar is dit een rustplek nabij het hart van Brussel. Door de transparante architectuur lijkt het bos hier de woning binnen te komen. Dagelijks lopen eekhoorns over het terras, dat in de zomer als extra woonkamer dienstdoet.

FR Cette maison blanche entièrement dissimulée derrière de hauts arbres n'est accessible que par un chemin forestier et en pente raide. En 1958, lorsque ce bungalow a été conçu par Roger De Winter, un des nombreux architectes modernes de la Région bruxelloise, il n'avait rien d'exceptionnel, car il cadrait avec l'élan moderniste donné par l'Expo 58 : les maisons simples et transparentes de ce genre, avec poutres en béton, grandes baies vitrées et murs de briques peints en blanc, faisaient rêver les adeptes du style moderne. À travers les arbres, l'endroit évoque même vaguement la forêt vierge brésilienne. Ce qui n'a rien d'étonnant, vu l'intérêt suscité à l'époque par la nouvelle capitale, Brasilia. Depuis lors, la végétation a beaucoup grandi. Dans cette région humide bénéficiant d'un microclimat, elle contribue à créer, les jours d'été, une expérience tropicale. L'architecte d'intérieur Martine Pestiaux a jeté l'ancre ici avec sa famille. Elle a été une des premières à Bruxelles à promouvoir le design des fifties. Martine était encore étudiante quand elle a commencé à collectionner les souvenirs de l'Expo. Ce bungalow lui offre un lieu de repos à proximité du cœur de Bruxelles. Grâce à la transparence de l'architecture, la forêt semble pénétrer dans la maison. Et les écureuils envahissent quotidiennement la terrasse, qui devient, l'été, une pièce à vivre supplémentaire.

When architect Roger De Winter designed this house in 1958, he still retained the flavour of pre-war Modernist architecture, while incorporating transparent Scandinavian bungalow architecture, which was gaining popularity at the time. The house originally only had one floor; the second storey was added later, but with due consideration of the original proportions and finishing touches. To allow light in from every side, the house is structured like the segmented torso of a bee, divided into three separate sections. Behind the house, Martine converted the garden shed into her ceramics studio.

Toen architect Roger De Winter deze woning in 1958 ontwierp, had hij nog de vooroorlogse bouwstijl van het modernisme in de vingers. Maar hij had ook oog voor de transparante Scandinavische bungalowarchitectuur die toen furore maakte. Het huis had oorspronkelijk geen verdieping. Die werd er pas later op gebouwd, maar met aandacht voor de originele proporties en afwerking. Opdat het licht overal binnen zou kunnen heeft de woning het lichaam van een bij: ze werd opgedeeld in drie aparte stukken. Achter het huis verbouwde Martine het tuinhuis tot haar keramiekatelier.

Quand l'architecte Roger De Winter a conçu cette maison, en 1958, il avait encore dans les doigts le modernisme d'avant-guerre. Mais il s'intéressait aussi à l'architecture transparente du bungalow scandinave, qui faisait fureur à l'époque. Au départ, d'ailleurs, la maison n'avait pas d'étage. Elle a été rehaussée ultérieurement, mais dans le respect des proportions et de la finition originales. Pour que la lumière puisse y affluer de toutes parts, comme le corps d'une abeille. Du pavillon de jardin situé derrière le maison, Martine a fait son atelier de céramiste.

Bungalow

EN
Martine Pestiaux was one of the first vintage merchants in Brussels. Her home houses part of her collection. This is her desk, which also showcases her own ceramics. The open structure gives the garden a strongly surrounding presence. The house is situated in a wooded area filled with old-growth trees that create a subtropical atmosphere on summer days.

NL
Martine Pestiaux was een van de eerste vintagehandelaren in Brussel. In haar woning staat een deel van haar collectie. Hier zien we het bureau, waar je ook de keramiek kunt bewonderen die ze maakt. Door de open structuur van het huis is de tuin overal aanwezig. Het ligt trouwens in een bosrijk gebied vol oude bomen die op zomerse dagen voor een subtropische sfeer zorgen.

FR
À Bruxelles, Martine Pestiaux a été parmi les premiers marchands vintage, et son habitation abrite une partie de sa collection. Nous voyons ici son bureau, où sont également présentées ses créations céramiques. L'omniprésence du jardin est favorisée par la structure ouverte de la maison, située dans une région boisée, où de vieux arbres entretiennent, les jours d'été, une ambiance subtropicale.

Geometric house CONSTRUCTIVISM

About a century after the illustrious Dutch avant-garde architect Gerrit Rietveld made a huge splash with his legendary Red and Blue Chair, well after Piet Mondriaan painted his first geometric compositions, we discover a rebirth of geometric abstraction in this home. The approach is entirely different, and yet it has been carefully considered and constructed in similar ways. The designer and occupant of this extraordinary rural home in a nature reserve in Brabant, Filip Janssens, pulled the constructive element indoors from the exterior down to the tiniest details of the interior. Filip Janssens had been developing gorgeous Constructivist furniture for years. Meanwhile, a burgeoning idea took root in his mind: to conceptualise a house as if it were a cabinet. The brick exterior has been transformed into a

stack of boxes through which you can step inside, making the cabinet structure into a sculpture. Filip Janssens was also inspired by an exceptional 1950s desk by Brussels-based designer Jules Wabbes, similarly conceptualised as a Constructivist composition in wood and metal. Embroidering on this leitmotif, his kitchen furniture was composed along comparable lines. His characteristic Cubist signature style is clearly visible in every part of his home. The bigger lines are strong and sleek, but the details are packed with constructive power. His style has proven successful; projects for furniture, design projects and buildings continue to flood in.

Geometric house

Designer Filip Janssens is fascinated by Constructivist style, not just in the Bauhaus tradition, but also by work of Jules Wabbes, who designed furniture like buildings, in powerful horizontal and geometric layers. In the corner of the dining room, we see a deconstructed desk cupboard that Wabbes designed in the late 1950s. We can see Janssens' signature style in the window and the salon table here.

NL
Ontwerper Filip Janssens is gefascineerd door de constructivistische stijl, niet alleen van de Bauhaustraditie, maar ook van designer Jules Wabbes. Die ontwierp meubels als gebouwen, met een sterke horizontale en geometrische gelaagdheid. In de hoek van de eetkamer zien we een bureaukast van Wabbes, ontworpen in de late jaren 1950. De signatuur van Janssens herkennen we dan weer in het venster en de salontafel.

FR
Fasciné par le style constructiviste, le créateur Filip Janssens apprécie tout autant la tradition du Bauhaus que les créations du designer Jules Wabbes, dont les meubles étaient conçus comme des immeubles, avec une forte stratification horizontale et géométrique. Dans un coin de la salle à manger, nous remarquons d'ailleurs une armoire de bureau de Wabbes, datant de la fin des années 1950. Et nous reconnaissons également la signature de Janssens dans la fenêtre et la table de salon.

NL Ongeveer een eeuw nadat de illustere Nederlandse avant-gardearchitect Gerrit Rietveld uitpakte met de legendarische Rood-blauwe stoel en ook Piet Mondriaan zijn eerste geometrische composities schilderde, ontdekken we in deze woning een wedergeboorte van de geometrische abstractie. Weliswaar op een geheel andere wijze, maar toch ook weer heel doordacht en doorwrocht. Want de ontwerper en bewoner van dit bijzondere landhuis in een Brabants natuurgebied, Filip Janssens, trok het constructieve element door van het exterieur tot in de kleinste details van het interieur. Filip Janssens ontwerpt sinds enkele jaren schitterende constructivistische meubels. Ondertussen rijpte bij hem het idee om ook een woning te concipiëren als een kast. Het bakstenen exterieur is een stapel dozen geworden, waardoor je binnen kunt stappen. Op die manier wordt de kast een sculptuur. Filip Janssens werd ook geïnspireerd door een bijzonder bureaumeubel uit de jaren 1950 van de Brusselse designer Jules Wabbes, eveneens opgevat als een constructivistische compositie van hout en metaal. Door op dit leidmotief verder te componeren kwam ook zijn keukenmeubilair tot stand. Kijk rond in deze woning en overal herken je zijn kubistische signatuur. De grote lijnen zijn strak, maar de details zitten vol constructieve power. Zijn stijl blijkt een succes en ondertussen stromen de projecten voor meubels, design en gebouwen bij hem binnen.

FR Près d'un siècle après la légendaire chaise rouge et bleue de l'illustre architecte néerlandais d'avant-garde et les premières compositions géométriques de Piet Mondrian, l'abstraction géométrique renaît dans cette maison. D'une manière sans doute très différente, mais réfléchie et convaincante. Car Filip Janssens, qui est à la fois le concepteur et l'occupant de cette propriété très particulière dans une zone naturelle du Brabant, a prolongé l'élément constructif de l'extérieur aux moindres détails de l'intérieur. Depuis quelques années, Filip Janssens crée de remarquables meubles constructivistes. Dans la foulée, l'idée lui est venue de concevoir une maison comme une armoire. L'intérieur en briques est devenu un empilement de boîtes, dans lequel le spectateur peut pénétrer. L'armoire devient ainsi sculpture. Filip Janssens s'est également inspiré d'un meuble de bureau des années 1950, composition constructiviste en bois et métal du designer bruxellois Jules Wabbes. Il a repris ce leitmotiv pour son mobilier de cuisine. Dans cette maison, la signature cubiste est partout. Les grandes lignes sont sobres, mais les détails débordent de puissance constructive. Un style à succès, qui vaut à Filip Janssens un afflux de projets pour des meubles, du design et des bâtiments.

Geometric house

Geometric house

EN
A playful Constructivist note is also concealed in the hallway wardrobe. An old cabinet by Brussels-based designer Jules Wabbes stands in the corner of the lounge; its structure inspires Janssens. The interior is decorated in pared-down, laid-back style with all sorts of found objects.

NL
Ook in de vestiairekast in de gang zit een constructivistische knipoog. In een hoekje van de salon staat een oude bureaukast van de Brusselse designer Jules Wabbes, waarvan de structuur Janssens inspireerde. Het interieur zelf is strak, maar ontspannen ingericht met allerlei vondsten.

FR
Le clin d'œil constructiviste apparaît aussi dans le vestiaire du couloir. Pour la structure de son bâtiment, Janssens s'est notamment inspiré de l'armoire du designer bruxellois Jules Wabbes, qui orne un coin du bureau. L'intérieur même est sobre, mais aménagé en mode détente avec les trouvailles du propriétaire.

EN
The house is situated by the
edge of a nature reserve. The
brick façades suit the landscape.
In the room where Filip Janssens
creates his designs, we also find
a Constructivist brick wall in a
Mondriaanesque pattern

NL
De woning ligt op de rand van een
natuurgebied. De bakstenen gevels
passen bij het landschap. In de
ontwerpruimte van Filip Janssens
zien we een constructivistische
bakstenen wand met een soort van
Mondriaanpatroon.

FR
La maison se dresse à la lisière
d'une zone naturelle. Les façades
en briques s'harmonisent avec le
paysage. Dans l'espace création
de Filip Janssens, nous trouvons
également une paroi constructiviste
en briques, dans le genre Mondrian.

158   Geometric house

Farmhouse DESIGN & ARCHEOLOGY

A windmill once stood beside this house, but sadly it failed to survive the ravages of the war. That form of wind energy was no longer cost-effective once the war ended, so the windmill was never rebuilt. Philip Feyfer settled down at the farm beside the place where the windmill once stood, on a hill surrounded by nature. An art historian, he spent years on the team of renowned Belgian antiquarian Axel Vervoordt. These days, he buys and sells art and antiquities independently, travelling the world and exploring various eras enthusiastically. Feyfer started out as a collector of archaeological finds, some of which still grace his home. Later, he travelled through South America, falling in love with Brutalist architecture, which also brought him to the work of Brazilian designers like Sergio Rodrigues, Oscar Niemeyer and José Zanine

Caldas. Meanwhile, he had discovered design by a number of their contemporaries: Charlotte Perriand, Jean Prouvé and Pierre Jeanneret. He primarily looks for prototypes, strongly preferring old models from when they were originally designed. Philip loves bold furniture made from wood, leather or steel. Working for Vervoordt also honed his keen appreciation for a weathered patina. The result can be seen and felt in this farmhouse, which dates back to 1907. The renovation was a collaborative effort with architect Eddy François, although quite a lot was his own design. This austere interior has been stripped down to its bare essentials, but feels warm and lush thanks to the many antiquities and trouvailles throughout the house. The windows offer a view of the sculpture garden and its powerfully sculpted huge boxwood shrubs.

Farmhouse

Farmhouse

Like architect Eddy François, who helped renovate this building, the commissioning client also feels at home in different worlds. As an art historian, Philip Feyfer has close ties to the past. He started by collecting archaeological finds, a subject that still enthralls him, but has since also developed a fascination with unique vintage.

NL
Net als architect Eddy François, die dit pand hielp renoveren, voelt ook bouwheer Philip Feyfer zich in verschillende werelden thuis. Philip heeft als kunsthistoricus een nauwe band met het verleden. Hij begon met het verzamelen van archeologica, die hem trouwens nog steeds boeien, maar ontwikkelde intussen ook een fascinatie voor unieke vintage.

FR
Comme l'architecte Eddy François qui a contribué à la rénovation de ce bâtiment, le maître d'ouvrage Philip Feyfer se sent chez lui dans des mondes différents. Historien d'art, Philip a noué des liens avec le passé. Si sa collection de pièces archéologiques le passionne toujours autant, cependant, il a également développé une véritable fascination pour le vintage.

NL Ooit stond naast dit huis een windmolen, die jammer genoeg werd weggemaaid door de oorlog. Nadien bleek windenergie niet langer aantrekkelijk, waardoor de molen nooit werd herbouwd. Philip Feyfer gooide zijn anker uit in de boerderij naast de plek waar de molen ooit stond, op een heuvel in het groen. Hij is kunsthistoricus en maakte een tijdlang deel uit van het team van de vermaarde Belgische antiquair Axel Vervoordt. Nu handelt hij zelf in kunst en oudheden. Zo reist hij door de wereld en de tijd. Eerst verzamelde Philip Feyfer archeologische vondsten. Er staan er trouwens nog wel wat in zijn interieur. Daarna trok hij door Zuid-Amerika en geraakte er in de ban van de architectuur van het brutalisme. En zo kwam hij ook terecht bij het design van de Braziliaanse ontwerpers Sergio Rodrigues, Oscar Niemeyer en José Zanine Caldas. Maar hij haalde ondertussen ook design in huis van hun tijdgenoten Charlotte Perriand, Jean Prouvé en Pierre Jeanneret. Hij zoekt vooral prototypes en zweert bij oude modellen uit de tijd. Philip houdt van robuuste meubels van hout, leder of staal. Bij Vervoordt werd ook zijn voeling voor een doorleefd patina aangescherpt. Je ziet en voelt het resultaat in deze boerderij uit 1907. Voor de verbouwing werkte hij samen met architect Eddy François, maar hij ontwierp ook veel zelf. Dit uitgepuurde interieur is vrij strak maar voelt warm en rijk aan door de talrijke oudheden en trouvailles. Vanuit de woning zie je de sculpturale tuin vol krachtig gemodelleerde buxusmassieven.

FR Autrefois, cette maison était flanquée d'un moulin à vent, qui a malheureusement été fauché par la guerre. L'énergie éolienne ayant ensuite perdu son attrait, le moulin n'a jamais été reconstruit. Philip Feyfer a jeté l'ancre dans la ferme voisine de l'ancien moulin, sur une colline au milieu de la verdure. Historien de l'art, il a fait partie de l'équipe du célèbre antiquaire belge Axel Vervoordt, avant de se lancer lui-même dans le commerce de l'art et des antiquités, activité qui l'amène à voyager dans l'espace et le temps. Philip Feyfer a commencé par collectionner les trouvailles archéologiques, dont beaucoup ornent encore son intérieur. Ensuite, il est parti pour l'Amérique du Sud, où il est tombé sous le charme de l'architecture brutaliste. Dans la foulée, il a découvert les créations des designers brésiliens Sergio Rodrigues, Oscar Niemeyer et José Zanine Caldas. Parallèlement, il s'est intéressé au design de leurs contemporains Charlotte Perriand, Jean Prouvé et Pierre Jeanneret. Surtout en quête de prototypes, il se passionne également pour les modèles d'époque. Philip aime les meubles robustes en bois, cuir ou métal, et cette ferme de 1907 trahit son goût pour la patine du temps, qui s'est affiné chez Vervoordt. Philip s'est beaucoup impliqué dans les travaux de rénovation, menés de concert avec l'architecte Eddy François. Malgré son austérité apparente, cet intérieur épuré distille une chaleur alimentée par les nombreuses antiquités et trouvailles qui l'enrichissent. De la maison, la vue s'étend sur les massifs de buis sculptés du jardin.

Farmhouse

EN
No fundamental changes were made to the interior, but tightening up all the details and creating smooth walls and openings created a contemporary living room with concrete floors, lots of natural stone, and monochromatic artworks. This is the kitchen, which includes a seating area.

NL
Aan het interieur werd niet fundamenteel gesleuteld, maar alles werd strak gezet, er werden gave wanden en openingen gecreëerd en zo ontstond een hedendaagse leefruimte met betonnen vloeren, veel natuursteen en monochrome kunstwerken. Hier zijn we in de keuken met zithoek.

FR
L'intérieur n'a pas subi de modifications fondamentales, mais la sobriété ambiante et les lignes pures des murs et des ouvertures ont produit un espace de vie contemporain, avec des sols en béton, beaucoup de pierre naturelle et des œuvres d'art monochromes. Nous sommes ici dans la cuisine avec coin salon.

EN
Philip Feyfer travels all over
the world looking for vintage
design by architects. He adores
Brazilian creations, And loves
picturesque interiors that
have an intimate feel. These
workrooms are a beautiful
example. Enjoy the grey walls
and weathered wood of the
floors, beams and furniture.

NL
Philip Feyfer reist de wereld
rond op zoek naar vintagedesign
van architecten. Hij is tuk op
Braziliaanse creaties. En hij houdt
van schilderachtige interieurs met
een intiem karakter. Daarvan zijn deze
studieruimtes een prachtig voorbeeld.
Geniet van de grijze wanden en het
vele hout met een patina, van vloeren,
balken en meubilair.

FR
Philip Feyfer, qui parcourt le
monde à la recherche de design
architectural vintage, raffole des
créations brésiliennes. Et il a une
prédilection pour les intérieurs
pittoresques et intimes. Ces
salles d'étude en témoignent.
Appréciez-en les murs nus et les
sols, poutres et meubles en bois
patiné.

Farmhouse

Fallingwater BRUTALISM

This house is not only situated in a thickly forested swamp irrigated by natural springs, it even has a brook flowing under it. It may not be the Fallingwater designed by Frank Lloyd Wright, but its ties to the surrounding wilds are at least as strong. Architect Marc Dessauvage designed his own home in 1972. He built it atop low concrete walls to avoid obstructing the course of the brook. Envisioning the house as a type of donjon, a residential tower with a central staircase, he used the Palladian cross of the La Rotonda villa as the basis for his design. Dessauvage loved the rough concrete of Brutalist architecture from the 1950s, which was when he completed his architecture studies. The same raw concrete is also palpably present throughout the inside of the building. The interior was originally envisioned as a large circulation space without doors. However, this architect-designed home had fallen into disrepair until recently, when visual designers Thomas Serruys and Katharina Smalle acquired the building and gave it a complete overhaul. The building was almost entirely enveloped by the forest. Thomas restored everything, without affecting its originality. He sells antique design in his gallery, but also designs and produces his own metal tables based on exceptional shapes reminiscent of spaceships; his design heroes are Diego Giacometti, Jean Royère and Christian Krekels. In his eyes, this unusual forest home in a curated wilderness is a strong source of inspiration.

Fallingwater

Fallingwater

The home where Belgian architect Marc Dessauvage lives is considered one of the more remarkable creations from the 1970s. Rather than favouring the fashionable 1970s lines, his architecture tended more towards Brutalism. In the course of his career, spanning barely twenty years, he designed many churches and convents, and the Romanesque flavour of those structures tinges this space as well. The interior has been envisioned as a tower stairwell, with open spaces surrounding central concrete stairs.

NL

De woning van de Belgische architect Marc Dessauvage wordt als een van de markantste creaties van de jaren 1970 beschouwd. Hij was geen aanhanger van de modieuze seventieslijn, maar een architect die meer aanleunde bij het brutalisme. In zijn amper twintig jaar durende carrière ontwierp hij veel kerken en kloosters, waarvan de romaanse sfeer hier wat is blijven hangen. Het interieur is opgevat als een traptoren, met open ruimtes rond een centrale betonnen trap.

FR

La maison de l'architecte belge Marc Dessauvage est considérée comme une des créations les plus marquantes des années 1970. Loin d'être adepte de la ligne architecturale de l'époque, il adhérait plutôt au Brutalisme. Au cours de ses quelque vingt ans de carrière, il a d'ailleurs construit nombre d'églises et de monastères, ce qui explique l'atmosphère romane qui règne ici. L'intérieur a été conçu comme une tour escalier, avec des espaces ouverts autour d'un escalier central en béton.

NL Dit huis staat niet alleen in een moerasbos vol bronnen, er stroomt zelfs een beek onderdoor. Het is niet Fallingwater van Frank Lloyd Wright, maar de band met de omliggende wilde natuur is minstens even sterk. Architect Marc Dessauvage ontwierp zijn eigen woning in 1972. Hij bouwde ze op betonnen muurtjes om de loop van het water van de beek niet te hinderen. Hij vatte het huis op als een soort donjon, een woontoren met een centrale trap, en gebruikte als basis het palladiaanse kruis van de villa La Rotonda. Dessauvage hield van het ruwe beton van het brutalisme uit de jaren 1950. In die periode studeerde hij trouwens af als architect. Ook binnen is het ruwe beton alomtegenwoordig. Het interieur is opgevat als een grote circulatieruimte zonder deuren. Deze architectenwoning stond er tot voor kort echter verkommerd bij, tot beeldend ontwerpers Thomas Serruys en Katharina Smalle het pand verwierven en opkalefaterden. Het werd bijna door de bomen verslonden. Thomas heeft alles hersteld, zonder aan de originaliteit te raken. Hij is niet alleen actief als designantiquair, maar ontwerpt en maakt ook zelf metalen tafels met bijzondere vormen die doen denken aan ruimteschepen. Zijn grote voorbeelden zijn Diego Giacometti, Jean Royère en Christian Krekels. Voor hem is dit ongewone boshuis in een beheerste wildernis een inspiratiebron.

FR Non seulement cette maison s'élève dans un bois marécageux constellé de sources, mais un ruisseau coule au-dessous. Ce n'est pas Fallingwater de Frank Lloyd Wright, mais son lien avec la nature sauvage est au moins aussi fort. L'architecte Marc Dessauvage, qui l'a construite à son propre usage en 1972, l'a édifiée sur des murets en béton afin de ne pas entraver le cours de l'eau. Il l'a conçue comme une sorte de donjon, une tour d'habitation avec un escalier central, basée sur la croix palladienne de la villa La Rotonda. Dessauvage aimait le béton brut caractéristique du Brutalisme des années 1950, époque où il avait terminé ses études d'architecte. Même l'intérieur, vaste espace de circulation sans portes, est dominé par ce matériau. Jusqu'il y a peu, cependant, cette maison d'architecte, progressivement envahie par la végétation, périclitait. Ce sont les designers Thomas Serruys et Katharina Smalle qui l'ont acquise et lui ont redonné vie, en la restaurant de fond en comble, sans lui ôter son originalité. En plus d'être un antiquaire du design, Serruys crée et fabrique lui-même des tables métalliques aux formes étranges, qui font penser à des vaisseaux spatiaux. Ses modèles sont Diego Giacometti, Jean Royère et Christian Krekels. Pour lui, cette habitation insolite au milieu d'un environnement sauvage mais maîtrisé est une source d'inspiration.

Fallingwater

Fallingwater

EN
The house is in the middle of a forest over a brook, which flows beneath the floors. Daily life follows the rhythms of nature here. The home was recently renovated by Thomas Serruys, who finds and sells antique designer furniture, but also designs his own tables and interior sculptures. Over the years, he has assembled an exquisite collection of art and design from the 1960s and 1970s.

NL
De woning staat midden in een bos op een beek, waardoor het water dus onder je voeten door stroomt. Hier leef je dagelijks mee met de natuur. De woning werd onlangs gerestaureerd door Thomas Serruys, die actief is als designantiquair, maar ook zelf tafels en interieursculpturen ontwerpt. In de loop van de jaren verzamelde hij een exquise collectie kunst en design uit de jaren 1960 en 1970.

FR
Dans cette maison qui se dresse au milieu d'un bois, avec un ruisseau qui coule au-dessous, le contact avec la nature se décline au quotidien. Elle a été restaurée récemment par Thomas Serruys, qui travaille à temps partiel comme antiquaire du design, mais crée aussi des tables et des sculptures d'intérieur. Au fil des ans, il a réuni une exquise collection d'art et de design des années 1960 et 1970.

Fallingwater

Fallingwater

Orangery

THE ROMAN FLOOR

Flower-binder Johan Gryp lives and works on his Costersveld estate near Bruges. All the way in the back, surrounded by thousands of plants and countless hedges and shrubs, he lives in a newly-built orangery. He had been playing around with the idea of building a home in the form of an orangery for years. His plan was fully formed long before architect Anje Dhondt developed the concept into practical blueprints. He did not want to deviate from the traditional building materials, like the brick floors, whitewashed walls and iron window fittings, although he did have it all done in a more modern, distinctively timeless style. Johan also uses the orangery as a temporary winter home for his bigger plants. In terms of style, it is a warm and welcoming place with quite a lot of neo-Baroque furniture and pieces from the collection of antiquarian and interior designer Jean-Philippe Demeyer. The mantelpiece is from an Italian manor house. Johan adores artisanal materials, as evidenced by the rough boards, lavish use of natural stone, and the gorgeous Roman floor upstairs. These antique terracotta tiles came from Dominique Desimpel's collection. The unusual plants and countless cacti add sculptural notes and a jungle-like feeling throughout the house, Bringing a touch of rural charm into the home. Moreover, the orangery overlooks a pasture filled with grazing horses.

Orangery

Orangery

EN

Johan Gryp is a flower-binder who lives surrounded by his extensive fields, where he grows flowers and plants. He added a studio home to his building, with simple brick floors and metal winter garden window frames. His style is unusually baroque. Much of the furniture and items came from the collection of interior decorator Jean-Philippe Demeyer.

NL

Bloembinder Johan Gryp woont midden in zijn landerijen, waar hij bloemen en planten kweekt. Hij verruimde zijn pand met een atelierwoning met simpele bakstenen vloeren en metalen wintertuinramen. Zijn stijl is ongewoon barok. Veel meubels en objecten komen uit de collectie van decorateur Jean-Philippe Demeyer.

FR

Le fleuriste Johan Gryp vit au cœur de ses terres, où il cultive des fleurs et des plantes. Amateur de style baroque, il a ajouté à sa propriété une maison-atelier en forme d'orangerie, avec sols en briques et fenêtres en ferronnerie. Chez lui, quantité de meubles et d'objets proviennent de la collection du décorateur Jean-Philippe Demeyer.

NL

Bloembinder Johan Gryp woont en werkt op zijn domein Costersveld nabij Brugge. Helemaal achterin het groen, tussen duizenden planten en vele hagen en heggen, bewoont hij een nieuwe oranjerie. Met het idee om ooit een woning te bouwen in de vorm van een oranjerie liep hij al jaren. Hij had het plan dus al lang in zijn hoofd voor architect Anje Dhondt het ook praktisch uitwerkte. Hij wilde ook niet afwijken van de traditionele materialen, zoals de bakstenen vloeren, gekalkte muren en ijzeren vensters, maar liet alles wel gieten in een ietwat moderne en uitgesproken tijdloze stijl. Johan gebruikt de oranjerie ook om er zijn grote planten in te laten overwinteren. Het is evenzo qua stijl een warme plek met vrij veel neobarokke meubels en objecten uit de collectie van antiquair en interieurontwerper Jean-Philippe Demeyer. De schouw komt uit een Italiaans landhuis. Johan is tuk op ambachtelijke materialen, wat je onder meer merkt aan de ruwe planken, het vele natuursteen en de schitterende Romeinse vloer boven. Deze antieke terracottategels komen dan weer uit de collectie van Dominique Desimpel. De ongewone planten en talrijke cactussen zorgen overal voor sculpturale accenten en wat junglegevoel. Ze halen de landelijke sfeer in huis. Bovendien ligt de oranjerie net naast een weide vol paarden.

FR

Le fleuriste Johan Gryp vit et travaille dans son domaine de Costersveld, près de Bruges. Tout au fond, au milieu de la verdure, parmi des milliers de plantes et quantité de haies et de taillis, il habite une nouvelle orangerie. L'idée de se construire une maison en forme d'orangerie, il l'a caressée pendant des années. Il en avait donc le plan dans la tête bien avant que l'architecte Anje Dhondt le concrétise. Il n'a pas voulu s'écarter des matériaux traditionnels, comme les sols en briques, les murs chaulés et les fenêtres en ferronnerie, mais il a coulé le tout dans un style intemporel, avec une touche de modernisme. Johan utilise aussi l'orangerie pour l'hivernage de ses plus grandes plantes. Cet endroit chaleureux est rehaussé de nombreux meubles et objets néobaroques provenant de la collection de l'antiquaire et créateur d'intérieurs Jean-Philippe Demeyer. La cheminée est issue d'un manoir italien. Johan a la passion des matériaux artisanaux, comme en témoignent les planches brutes, la pierre de taille et les superbes carreaux romains en terre cuite appartenant à la collection de Dominique Desimpel. Les plantes insolites et les nombreux cactus ponctuent le paysage d'accents sculpturaux, tout en créant une ambiance de jungle, qui ôte à la maison son caractère rural. De plus, le bâtiment est flanqué d'une vaste prairie où paissent des chevaux.

EN
Gryp has a passion for
unpolished materials and
has had part of the building
constructed from oxidised
reclaimed wood and old bricks,
which are perfect for showcasing
part of his collection of cactuses

NL
Gryp heeft een voorliefde voor
ruwe materialen en liet een deel
van het gebouw optrekken met
geoxideerd recuperatiehout en
oude bakstenen, die ideaal zijn
om een deel van zijn collectie
cactussen te exposeren.

FR
Gryp a une prédilection pour les
matériaux bruts. Il a fait construire
une partie du bâtiment avec du bois
de récupération oxydé et des briques
anciennes, qui constituent un cadre
idéal pour exposer sa collection de
cactus.

Orangery

EN
The bedroom is tucked away
under the roof, which has
been completely plastered on
the inside. The floor features
Roman terracotta tiles
from Dominique Desimpel's
collection. They add an oriental
note to the rural style.

NL
We vinden de slaapruimte onder
het dak, dat vanbinnen volledig
werd afgewerkt met leempleister.
Op de vloer liggen Romeinse
plavuizen uit de collectie van
Dominique Desimpel. Hier kreeg
de landelijke stijl een oriëntaalse
invulling.

FR
La chambre à coucher, située
sous le toit, se distingue par
son enduit de finition à l'argile.
Au sol, les carreaux romains
proviennent de la collection de
Dominique Desimpel. Ici, le style
rural est interprété à l'orientale.

185   Orangery

City farm DOWNTOWN ANTWERP

We live in a farm in downtown Antwerp, Pieter Croes says with a smile. Not possible, you might say. It was a city farm; until two decades ago, twenty cows wintered in the stalls under the house, and two farm horses lived in our postage stamp of a garden, as Pieter describes it. Eggs, milk and butter were sold from the front of the house. Now that cities are turning green again and vegetable gardens are being planted, this former city farm seems almost an obvious choice. But not entirely, notes Bart Haverkamp, because those cows had to be led across the ring road around the city to the pastures; it's hard to imagine something like that being possible now, with all the busy traffic. Pieter and Bart originally bought this unusual building, almost an industrial stable, as a studio for their business. They design and landscape gardens. They completely renovated

the dilapidated old building and moved into the former hayloft, which is awash in gorgeous daylight from all sides. They're still planning to build a treehouse; they love living in elevated locations. Their main focus is building roof gardens in the most improbable spots, like a prairie garden on top of an apartment building in Brussels. Bart and Pieter operate all over the place, as far away as Minorca. They not only draw and design gardens, they also actively garden, travelling all around the world to discover exceptional gardens in all sorts of locations.

City farm

City farm

City farm

Long before the eco-revolution brought a fresh flair to our urban centres, there were already farms in the city; here's an example. The dairy cows that wintered in this Antwerp city farm may be long gone, but rural peace and quiet remains. This is due in no small part to the temperament of the people living here, who are acclaimed landscape architects.

NL
Lang voor de ecologische omwenteling onze steden een nieuw elan gaf, waren er al boerderijen in de stad. Hier zien we daarvan een voorbeeld. De melkkoeien die overwinterden in deze Antwerpse stadsboerderij mogen dan al lang zijn verdwenen, toch bleef de landelijke rust hier hangen. Dat komt ook door het metier van de bewoners, die gerenommeerde tuinarchitecten zijn.

FR
Bien avant que la révolution écologique donne à nos villes un nouvel élan, il y avait déjà des fermes dans la cité. En voici un exemple. Même si les vaches laitières qui hivernaient dans cette ferme urbaine ont disparu depuis longtemps, la tranquillité rurale est restée. Le métier des habitants, architectes de jardin renommés, y est sûrement pour quelque chose.

NL 'We wonen in een boerderij in hartje Antwerpen', vertelt Pieter Croes glimlachend. Dat kan toch niet? 'Dit was een stadsboerderij. Tot twintig jaar geleden was er hieronder een stal waar in de winter twintig koeien stonden. In ons tuintje, amper een schort groot, stonden twee boerenpaarden', aldus Pieter. In het voorhuis werden eieren, melk en boter verkocht. Nu steden weer groen worden en er ook weer groenten worden geteeld, lijkt deze voormalige stadsboerderij bijna vanzelfsprekend. 'En toch niet,' merkt Bart Haverkamp op, 'want die koeien moesten over de ring van de stad naar de weide. Je kunt je zoiets nu nog moeilijk voorstellen met het drukke verkeer van de laatste jaren.' Pieter en Bart kochten dit ongewone pand, een soort industriële stal, als atelier voor hun zaak. Het duo ontwerpt tuinen en legt die ook aan. Ze hebben het vervallen gebouw volledig opgeknapt en gingen vervolgens op de voormalige hooizolder wonen, waar het licht aan alle kanten prachtig binnenglipt. Bovendien plannen ze nog de bouw van een boomhut. Pieter en Bart leven graag in de 'hoogte'. Ze leggen trouwens vooral daktuinen aan op de meest onwaarschijnlijke plekken, zoals een prairietuin op een flatgebouw in Brussel. Bart en Pieter zijn zowat overal actief, tot op Menorca. Ze tekenen en bedenken niet alleen tuinen, maar gaan er ook zelf in aan de slag. Ondertussen reizen ze de wereld rond op zoek naar bijzondere tuinen.

FR Nous habitons une ferme en plein cœur d'Anvers, raconte Pieter Croes en souriant. Impossible ? Pas du tout, car il s'agissait d'une ferme urbaine. Jusqu'il y a une vingtaine d'années, vingt vaches passaient l'hiver dans l'étable ci-dessous, ajoute Pieter. Deux chevaux de trait vivaient dans notre jardin, pourtant grand comme un mouchoir de poche. Et, dans la pièce donnant sur la rue, on vendait des œufs, du lait et du beurre. À présent que les villes redeviennent vertes et que le maraîchage y est à nouveau pratiqué, cette ancienne ferme urbaine est plus que jamais en harmonie avec son environnement. Sauf que ces vaches devaient franchir le ring de la ville pour aller paître, remarque Bart Haverkamp. Avec le trafic actuel, ce serait inimaginable ! Cet immeuble déroutant, sorte d'étable industrielle, Pieter et Bart, qui conçoivent et aménagent des jardins, l'ont autrefois acheté pour en faire un atelier. Après avoir entièrement retapé le bâtiment en ruine, ils se sont installés dans l'ancien grenier à foin, où la lumière ruisselle de toutes parts. À présent, ils envisagent la construction d'une cabane dans un arbre. Tous deux aiment vivre 'en hauteur'. La majeure partie de leur travail consiste d'ailleurs à créer des toitures végétalisées aux endroits les plus improbables, par exemple un jardin sauvage sur un immeuble à appartements, à Bruxelles. Leurs activités s'étendent jusqu'à Minorque. Et ils ne se contentent pas d'imaginer et de dessiner des jardins : ils les cultivent. Du moins lorsqu'ils ne sillonnent pas le monde pour en découvrir d'autres, plus surprenants les uns que les autres.

City farm

EN
The current living room with
its ancient roof beams is over
the former cattle stalls, which
are now used as storage space.
This was once the hayloft,
although Bart and Pieter opened
it up to let in the light and enjoy
their view of the little garden.
Although it's small, their back
yard gives them a dash of urban
jungle. Pieter and Bart specialise
in building roof gardens.

NL
Onder de huidige leefruimte onder
het dak stonden de koeien in een
stal, die nu een bergruimte is.
Eigenlijk was dit de hooizolder,
die Bart en Pieter hebben
opengetrokken om licht binnen
te laten en om te genieten van
het uitzicht op het tuintje, dat,
hoe klein ook, voor een beetje
stadsoerwoud zorgt. Pieter en Bart
zijn trouwens gespecialiseerd in de
aanleg van daktuinen.

FR
Au-dessus de l'étable à vaches,
devenue un espace de rangement,
Bart et Pieter se sont installés
sous le toit, dans l'ancien grenier
à foin, qu'ils ont largement ouvert
pour profiter de la lumière tout en
jouissant de la vue sur un jardin
de petite taille, mais révélateur
de la sauvagerie urbaine. Pieter
et Bart sont d'ailleurs spécialisés
dans l'aménagement de jardins
de toitures.

City farm

New Zealand

THE FORMER BARN

We won't be going around the world to New Zealand; instead, we'll be spending some time along the coast of the southern Netherlands, in the Province of Zeeland, visiting an unusual country home envisioned as a contemporary residential barn. It is immediately clear that the people who live here, the owners of the Bellerose fashion brand, are enthusiastic globe-trotters; you can even see influences of the spacious villas designed by Richard Neutra back in the day. This house was designed by the occupants in collaboration with Rotterdam-based occupant Maartje Lammers. The starting point was an old barn built in the 1950s with a wooden ridgepole. The wood all over the house, inside and out, references the former barn. The uneven surface of the floorboards indoors and the large wall made of unpolished schist even give a nod and a wink to Frank

Lloyd Wright. Most of the 1950s design comes from Scandinavia. The building is very open, offering a near-360° view of the polderland meadows, yet providing a solid sense of security. A number of floating walls create lots of intimacy and a fairly complex circulation. The combination of exotic wood, jatoba for the floor, and the countless copper accents add a nautical note to the overall impression. The occupants are passionate sailors who come here to enjoy the peace and quiet of the pure, natural countryside, dotted in farms with large barns – and no villas.

New Zealand

We gaan niet naar Nieuw-Zeeland, maar vertoeven even aan de kust van Zuid-Nederland, in Zeeland, om er een ongewoon landhuis te bezoeken, opgevat als een moderne woonschuur. Je merkt meteen dat de bewoners, eigenaren van het kledingmerk Bellerose, de wereld rondreizen. Je voelt hier zelfs wat invloed van de riante villa's die destijds door Richard Neutra werden ontworpen. Dit huis is een creatie van de bewoners in samenwerking met de Rotterdamse architecte Maartje Lammers. Het uitgangspunt is een oude schuur uit de jaren 1950 met een houten spant. Het hout, dat zowel binnen als buiten alomtegenwoordig is, verwijst naar de vroegere schuur. Binnen knipogen het grillige verloop van de plankenvloeren en de grote wand van ruwe schist zelfs even naar Frank Lloyd Wright. Het meeste design uit de jaren 1950 komt echter uit Scandinavië. Het gebouw is heel open, je krijgt een quasi 360° graden groot uitzicht op de polder, en toch is er behoorlijk wat geborgenheid. Een aantal losse wanden zorgt voor veel intimiteit en een vrij complexe circulatie. De combinatie van exotisch hout, jatoba voor de vloer, en de talrijke koperen accenten geven het geheel een maritieme toets. De bewoners zijn immers ook gedreven zeilers die hier komen genieten van de rust van het pure platteland zonder villa's en met boerderijen met grote schuren.

This is absolutely one of the most original houses, not just because of the landscape, but above all due to its unique structure and unusual details. The exterior is reminiscent of a 1950s building, thanks to the wooden ridgepole that carries the entire construction. The result is a canopy house, open on one side and closed off with wood walls towards the more intimate end, which houses the sleeping quarters.

NL
Dit is ongetwijfeld een van de meest originele woningen, niet zozeer vanwege het landschap, maar vooral door de unieke structuur en aparte afwerking. Het exterieur doet denken aan een fiftiesgebouw. Daar heeft het houten spant dat de constructie draagt ook alles mee te maken. Zo ontstond een luifelwoning die aan de intieme zijde, waar de slaapvertrekken zijn, met houten wanden is afgesloten.

FR
Cette maison est certainement une des plus originales, moins à cause du paysage dans lequel elle s'intègre qu'en raison de sa structure et de sa finition exceptionnelles. Extérieurement, elle rappelle un bâtiment des années cinquante. La charpente qui supporte la construction en fait une maison canopée, dont l'extrémité intime, où se trouvent les chambres, se termine par des parois de bois.

FR Nous ne partons pas pour la Nouvelle-Zélande, mais pour la Zélande, au sud des Pays-Bas, afin de visiter une propriété insolite, conçue comme une grange résidentielle contemporaine. Les habitants, propriétaires de la marque de vêtements Bellerose, sont manifestement des globe-trotters : dans leur environnement, même l'influence des élégantes villas de Richard Neutra se fait sentir. Le bâtiment est une création conjointe des occupants et de Maartje Lammers, architecte à Rotterdam. Le point de départ est une vieille grange des années 1950, avec une charpente en bois. Le bois, qui est omniprésent, tant à l'intérieur qu'à l'extérieur, renvoie donc à la grange primitive. La disposition capricieuse des planchers et le grand mur de schiste brut sont un clin d'œil à Frank Lloyd Wright. Mais le design des années 1950 provient en majeure partie de Scandinavie. Bien que le bâtiment, largement ouvert, offre un panorama à 360° sur le polder, la chaleur et la sécurité sont préservées. Une série de murs indépendants assurent une grande intimité et une circulation complexe. La combinaison de bois exotiques – du jatoba pour le sol – et de nombreux accents cuivrés confère à l'ensemble une touche maritime. Les occupants sont en effet des plaisanciers chevronnés, qui viennent ici jouir du calme d'une campagne constellée de fermes, avec de vastes granges et sans villas.

EN
The omnipresent openness in no
way obstructs the intimacy of the
interior, finished in rough blocks
of natural stone and a wooden
floor in an irregular pattern. The
impression made by all these
natural materials is intensified by a
collection of vintage Scandinavian
furniture amassed over many years

NL
De alomtegenwoordige openheid
verstoort nergens de intimiteit van
het interieur, dat afgewerkt werd
met ruwe blokken natuursteen
en een houten vloer met een
onregelmatig patroon. De
uitstraling van al die natuurlijke
materialen wordt nog versterkt
door een collectie Scandinavische
vintage die in de loop van vele jaren
werd verzameld.

FR
Si ouvert que soit le bâtiment,
l'intérieur, avec ses blocs de
pierre brute et son sol en bois au
motif irrégulier, ne manque pas
d'intimité. Le rayonnement de tous
ces matériaux naturels est encore
renforcé par une collection d'objets
scandinaves vintage, collectés au
fil des années.

EN
The extensive use of wood and the
feeling that the house is floating above
the water on a pontoon also gives it a
maritime feel. Unsurprising, since the
occupants are enthusiastic sailors,
and this country home (we deliberately
avoid calling it a villa) is just a stone's
throw from the sea. Until a few centuries
ago, this reclaimed polderland was still
beneath the sea.

NL
Door het vele hout en het gevoel dat de
woning op een ponton boven het water
drijft, hangt hier een maritieme sfeer.
Wat niet verwondert, want de bewoners
zijn fervente zeilers en dit landhuis – we
noemen het bewust geen villa – ligt
ook op een steenworp van de zee. Dit
polderlandschap was tot een paar
eeuwen geleden gewoon 'zeeland'.

FR
L'abondance du bois et l'impression
que la maison flotte au-dessus de l'eau
sur un ponton contribuent à créer une
ambiance maritime. Ce qui n'a rien
d'étonnant, car les habitants sont des
passionnés de voile, et cette propriété,
qui n'a rien d'une villa, est située à un jet
de pierre de la mer. La mer qui recouvrait,
jusqu'il y a quelques siècles, ce paysage
de polders.

New Zealand